000万円！
超節…優待株で

8億円を貯めた御発注の「コジ活」投資法

著
御発注
まんが
三ツ藤

宝島社

誕生日
プレゼントに
ゲーム買って！
ゲームばかり
やるから
ダメです！
いいじゃん
買ってよ！
ダメです！
何でウチは
買ってくれないんだ！
だだっ
じおんっ
わ〜い
1日1時間
までよ
うん！
ボクの欲しかった
ゲームだ…
ゲームは買わないから
欲しいなら自分で
買いなさい！
7000円の
ゲーム1本…
どうやって
買えばいいんだ…
くそ〜
何かいい方法は
ないものか…

お小遣いは
1カ月500円
14カ月
かかるぞ!
ん?
なんだろ
この帽子
…聞こえますか?
私の声が
聞こえますか?
あなたの心に…
直接語りかけて
います
ゲームが…
欲しいの
ですね…
その帽子を
かぶるのです…
コジ…
えっ?
誰?…
コジ?
コジ…?
あああっ?
もしゃ
もしゃ
ヒゲが生えてくる〜
もしゃ
私は節約の妖精…
なのだコジ…
節約を
するのです!
節約をすれば
夢は叶うのだ
コジ…
自分の道を
切り拓くのだ
コジ…
もしゃ
もしゃ
もしゃ
もしゃ

節約かぁ…？
ゲームが欲しくないのかコジ？ 一番欲しいものを手に入れるために——
だからひたすらお金を貯めなさい 貯めて貯めて貯め続けるのです 他はすべて犠牲にするのだコジ…
わかりました！ 神様っ
少年は月500円の小遣いに一切手を付けることなく数カ月すごし…
駄菓子屋
ジュース飲みたい…
チョコ食べたい…
500
ダメっ 節約節約！ 我慢我慢！
貯金っ
さらに数カ月後 貯金は目標額に到達
憧れのゲームソフトを手に入れたのだった！

節約は人生を変える…
入社式
そう学んだ青年は
十数年後
サラリーマンに
なっていた
1カ月後
オフィスにて
自由が全然ない…
朝も早く起きるのがツラい…
これが後40年も続くのか？
辞めたい…
楽しいのは
土日だけかぁ
金さえあれば
仕事なんて
しなくて
いいのにな
お！
あの時の…
節約
だコジ!!
また節約で人生を
変えられるかな…
すちゃ
ぽん！
後にエクストリーム節約と
株投資で資産8億円超を
達成する個人投資家
「御発注」の誕生であった

数ある個人投資家の著作の中から、本書を手に取っていただきありがとうございます。

コジん投資家をやらせていただいております御発注と申します。

今回、僭越《せんえつ》ながら出版の機会を頂き、世に出す運びとなりました。

私が投資を始めることになった2002年10月から、執筆時までで丁度22年半が経ちました。2002年の当時はインターネットの普及が進み、誰でも簡単に情報が入手できるようになり、インターネット証券の台頭で手数料がかなり安くなり始めた時期でした。

私が某大手証券会社で最初に買った株はワタミと吉野家なのですが、手数料は売買代金の1%以上取られた記憶があります。

今だったら、誰もがどの証券会社の手数料がいくらなのかという情報を入手するのは簡単ですが、当時はまだまだ情報格差が存在しました。そんな中で、インターネットで個人で情報を発信しようという人たちは本当に少なく、発信する対象のことを本当に好きな、○○マニアと呼べるレベルの方々ばかりだったと思います。

まだＳＮＳどころかブログすらなかった頃の話です。

なので、インターネットでヒットする情報は最初から良質なものが多く、すぐ一定の正解にリーチできたのは本当に大きかったと思います。変なアフィリエイトサイトに埋もれてＳＥＯ対策もされ、トップから、何件も要らない情報の候補が出てくる現在とは、えらい違いです。そんな良い環境のインターネットを毎日数時間見ながら、私はどんどん知識を蓄えていきました。

先人たちには感謝してもしきれません。インターネットがなければ、今の私は存在しなかったと断言できます。

＊

私は最初、本当に何の知識もない、常識も知らない、社会も知らないような純粋無垢な人間でしたので、資本主義がどういうものか、社会の仕組みやその他諸々全てをネットから習得しました。生きるために必要なお金を得るために、強制的に嫌な労働をさせられる社会から逃げるためにはお金が必要なのは入社数日でわかりましたが、どうやって貯めるべきかは漫然としていてわかりませんでした。自分の持っている武器と呼べるものは我慢による節約のみだったのです。

また、就職氷河期であったため、まともな転職先はなく、大学の同期は全然専攻と関係ない業界に入ったり、大学院を出てもまともな就職先がなかったり、有名国立大学を出ても零細企業に就職するしかないという時代でした。

当時はハラスメントも特に問題視されていなかったので、先輩に逆らおうものなら即村八分、仕事ができなくても村八分、謎の強制ルールに従わなければ村八分と、入社順による完全な序列ができていました。理屈を超えた長幼の序が重視されていた時代だったのです。

どちらかというと、それまで自由に生きてきた私にとっては耐え難い苦痛でした。残るも地獄、進むも地獄であれば、心を鬼にして自由になるために蓄財してやろう、そう決めたのです。

その日から「収入の8割を貯蓄、欲しがりません勝つまでは」の精神で蓄財を続けてきました。消費は完全な悪、無料こそ正義。私の思想のベースはこうして出来上がっていったのです。

そして投資に出会うことになった株式会社リンガーハット様にも感謝しなければなりま

せん。偶然入った店舗で株主優待の案内のチラシを見て、脊髄に電流が走ったような衝撃を受けました。

タダで飯が食える…だと…!

この優待+配当の実質利回りの概念により、当時いくらにもならない銀行預金の利息の問題を完全に打破し、暗雲立ち込める未来に一筋の天啓が見えたのです。これでいける……!

そう確信した私は投資にのめり込んでいきました。

その後2003年5月のりそな銀行国有化までは相場はイマイチでしたが、国有化後から、一気に新時代への幕開けを感じさせるような上昇相場になったのを記憶しています。その後2006年のライブドア・ショックまではイケイケの相場環境が続き、雑誌にも個人投資家が取り上げられるようになり、不動産流動化関連株でめちゃくちゃに稼いだ人も登場するなど徐々に個人投資家にスポットライトが当たっていきました。

当時から現在まで投資を続けている個人投資家の方々は私の知る限り、ほぼ全員がひと

財産築いています。本を出版されている方も多くいます。その方たちの本を読めば投資のノウハウも書いてあるし、更に洗練されたやり方で圧倒的な成績を残している若い個人投資家の方もいます。

そんな中で出版しても、価値のある内容を皆さんに提供できるのかなという疑問があり、出版のお話を頂いても断っていたのですが、私も歳を重ね、自身の超節約投資による蓄財の実践に限界を感じてきました。

かつてはとにかく貯め込むことを第一に考えていたのですが、お金は寿命が期限の優待券という考え方が正しいのではないかな、という思いを拭い去ることができなくなってきたのです。

＊

日本の芸事の修業の段階には守破離というものがありますが、千利休の「守り尽くして破るとも離るるとても本を忘るな」から来ています。

それに倣うならば、自分自身の１つの型を徹底して守り続けることが守であり、長い修業を終えてようやく自分自身の「破」の時期に到達したのだと感じています。
資産を公開するのを途中でやめてしまったこともあり、意味もないし今更だなとは思ったのですが、もう続けられないであろう自分自身の「守」に、一定の区切りを付ける意味でこの度、出版を決めました。

その「守」を続けることでたどり着いた場所を、皆さんにお伝えしたい気持ちがひとつと、そして、この本で読者の皆様に私が最もお伝えしたいことは、「本を忘るな」の部分になります。

一番重視していることはただ一点、何回でも、時を隔てても使い続けられる原理原則、根源となる精神、再現性のある基本の型になります。それを忘れてはならないし、迷いが生じたら戻るべき本質、「本を忘るな」はそういう意味です。

かのウォーレン・バフェットもこう言っていますね。

ルール1　絶対に損をしないこと
ルール2　ルール1を絶対に忘れないこと

多くの人たちは継続することができないので、自分にできる継続を積み重ねるだけでも時を経ると、とんでもない優位性が生まれるのです。誰でも思いつくような、誰でもできるようなもので構いません。むしろ逆に継続できるようなもの、誰でも理解できるようなものがいいのです。

本書ではその考え方について解説し、私の型についてもお伝えできればと思います。

私の場合は、

ルール1　収入の8割を、損しないと考えられる投資に回すこと
ルール2　ルール1を守ること

を継続して続けてきました。この〝8割〟は、特別強い想いのない普通の人には厳しいと思うので、好きな数字にしてもらって構いません。

＊

ここで〝8割〟に関連することとして、本のタイトルにも入れさせていただきましたように私のルーティンともなっている、息を吸うように当たり前にやってきた節約術である、〝コジ活〟についても触れておきたいと思います。一般的な節約は、本来支払うべき金額からいくら削れたか、というような数字で効果を推し量るものかと思いますが、それが行きすぎてしまった人々も一部にはいるのです。

読者の皆さんは決してマネをする必要はありませんが、節約を突き詰めすぎて、無料の何かに対して異常に脳汁が出るように体質が適応進化してしまった人々、そんな節約をしないと気が済まなくなった、ちょっと可哀そうな体質の人々がやってしまう無料を正義とする節約。そのことを自虐を込めて「コジ活」と、インターネット上での節約界隈で、いつの頃からかわかりませんが、言われるようになりました。

コジ活が可能になった背景には、バブル崩壊により景気が低迷し消費が大幅に落ち込んだ日本において、企業が消費を活性化するため多めに販促費を投入していました。その撒き餌である販促費の部分のみを利用することで、無料または大幅な安価でサービスを享受できるようになったのです。

インターネットで情報を集められるようになったことで、本来であれば少数過ぎる特例でスルーされていたような価格の歪みも次々に明るみになり、徐々に愛好家人口が増えていきました。世間一般からは忌避されることもある、薄暗い日陰の道の石ころの裏で営むような活動です。

くれぐれも大々的に結果をコジ（誇示）することの無いよう、愛好家の皆さんにはお願いする次第です。

＊

先ほども述べた通り、２０００年代から現在まで投資を続けられた人たちは、ほぼ全員がひと財産築いています。

生き残りバイアスではないか、という意見もあるかもしれません。投資をやめた人は確かに財産を作れていない方もいるかもしれませんが、損しにくい投資方法もあるのです。それらについても紹介できればと思います。

私もリーマン・ショックで元本が割れて投資を始めて初のマイナスに突入し、投資の継続が辛くなった時期がありました。今は相場環境が良い状況が継続していますが、長い人生の中ではそういう局面に遭う可能性もあります。

その時こそ「本を忘るな」に立ち返り、自分自身を見つめ直してみてください。投資が辛くなった時にこそ本書がお役に立てば幸いです。

また、本書の構成は、他の個人投資家の方の本と被らないようにすることや、伝えたいことはシンプルな原則であること、時間を味方に付けて投資を始めるべきといったこと、活字の苦手な若い現代人でも読みやすいようにまんがベースで進めることにしました。これは昔から友人にまんがに出てきそうな人と言われていたことも影響しているかもしれません。

読みやすくてわかりやすくて、面白い、そんな読後感であったなら嬉しいです。

御発注

目次

年間配当2000万円！
超節約と優待株で8億円を貯めた御発注の「コジ活」投資法

第2章

人生崩壊を覚悟した誤発注……53

――リスクとどう向き合うか

制作スタッフ
〔まんが・表紙イラスト〕三ツ藤　〔作画構成〕すずき銀座（えんつなぎ工房）　〔製作協力〕栗原 優（えんつなぎ工房）
〔シナリオ〕山神次郎（山神制作研究所）　〔編集〕宮下雅子（宝島社）／神崎宏則（山神制作研究所）　〔取材・文〕とりでみなみ、乙野隆彦（山神制作研究所）
〔表紙デザイン〕井上新八　〔本文デザイン・DTP〕遠藤嘉浩、遠藤明美（遠藤デザイン）

第1章

タダ飯が食える！株主優待の衝撃

――「長期戦なら必ず勝てる」を理解

1コジ目 優待の至高

退職を考え始めて早数カ月――男はいまだに悩んでいた
お客様どこかおカユいところありますでしょうか？
ジジジ…
ありあせ〜ん！
なんつって
スカ〜〜
セルフバリカン完璧終了！
さてと…近所の個人スーパーに買い出しに行くか
スーパー〇〇
スカスカの商品棚からロックオン！
パスタを大量購入だァ！
腹持ちがいいし毎日でも飽きが来ないいんだヨォ
Pasta
Pasta
Pasta
いつもはペペロンチーノが最安で至高なんだけど
今日は贅沢しちゃうぞぉ〜！
実家から届いたミートソースがあるんだナァ
ミートソース
ンマ〜い！
ん〜静岡の田舎は節約生活にピッタリだナァ
ズ
パ
パ
パ

節約で人生を変えたい
そう決意したものの…
仕事を辞めても生きるのに困らないお金が必要だナァ
もぐ…もぐ…
だが！節約だけでは無理だ！
時間がかかりすぎる…
ギャンブルで一発当てれば…いや、宝くじか…？
どちらもダメだっ！リスクが高すぎるっ
何かよい方法は…
毎日毎日
パスタで生き繋《つな》いで
苦悩にもがく日々
そんなある日…
よお、たまには外にメシ食いにいこうぜ
リンガーハット…
ここ結構うまいんだよ
ちゃんぽん
こんなところで外食などしている場合ではないのだが…
お金がかかるし…
ん？これ…は
まさに運命の出会いであった

株式会社リンガーハットの株主になりませんか？
株主になりませんか？
食事ご優待券を年２回お贈りいたします！
株主さまには食事ご優待券を年２回お贈りいたします
※イメージです
なんだと！
タダメシが食える……だと……？
年２回は食える……だと……？
株主！株投資か！
ボーナス出ないと行かない店だぞ……！
そこでタダメシが食える……だと……！
これだ！これしかない！
これで生きていける……！株主優待！株式投資！
株主優待券
無料は全てを癒やすコジ！

22歳の秋であった――
こうして彼の節約×株式投資生活が始まった
ダだっ
給料の8割を株の投資に回すと決め
ム〜
残りの2割で生活する超節約生活
スパ
パ
パ
利回りのよい株をいろいろ買って年利5%をキープしていれば…
5%+5%+5%+5%+5%+
……2倍!
約20年
20年で倍になる!
イエ〜イ
その間にも原資をどんどん増やしていけば…
もっと早く仕事を辞められる!
フフフ…
いわゆる徹底したコジ活である!
リゾートで悠々自適だわい!

こうして男は
「株式投資」で
お金の自由を
目指すことを
決意した！
お金持ちになる
法則はただ1つ――
ずばり！
①収入をできるだけ増やす
②支出をできるだけ減らす
③今の資産をできるだけ増やす
この3つしかない！
収入を増やすっていったら仕事で昇進するとか給料のいい仕事に転職するとか
転職
出世
副業
あとは副業をするという手もあるな！
面倒なことは嫌だし仕事はしたくないけど金は欲しいタイプで…
バリバリ
ん〜
バリバリ
じゃあ仕事で成功するのは…

はい、早々に諦めました
「稼ぐに追いつく貧乏なし」というがな
ん〜……
僕は「手残り」に目を付けました！
手残り
できるだけ手残りを増やすことで貯金が増えるペースは早くなりますよね！
まあな
生活費や税金を差し引いた後に手元に残る金額のこと
そこで彼がたどり着いたスタイルが「コジ活」なのである！
どこまでも自転車
株主優待券
株主優待券
スーパー◎◎
より安いマーケットを探す
自分で散髪
毎日パスタ
とにかく徹底した節約を続ける！この方法が優れているのは
①非常にシンプル
②特別な才能はいらない
③継続するだけでいい
——といいことずくめなんです
だがそれだけじゃタカが知れてるだろ？
20代の給料なんていくら節約したって

ここからが本題っ！
ば〜〜ん
そこで「③今の資産をできるだけ増やす」も同時に行うんです
③今の資産をできるだけ増やす
なるほど
それで株か！
うおぅ
はい！種銭が多ければ多いほど
利回りの効果が高いですから！
せいいへ
種銭が少ない場合と
種銭が多い場合ではこれだけ違います！
株
利回り
種銭 10万円
種銭 1億円
5％の利回り
増えるお金はチョット（5000円）
増えるお金は大きい（500万円）

利回りには「優待」も入れるのかい？
優待
はい 要は元が取れてプラスになるか？ですから
僕は最初 優待で食事ができる外食産業の銘柄を買いました
目指すはここです！
フムフム
①種銭をとにかく増やす
②５％の利回りをキープする
男の方針はこの2本柱に決まった！
うし
確かに優待＋配当なら５％の利回りの銘柄もあるが――
５％利回り
おいおい
そんなにたくさんあるわけではないだろ？

※ PER：Price Earnings Ratio の略。
※※ EPS：Earnings Per Share の略。

東証プライムの平均PERは15〜20倍といわれていますから
おっ
これ！
これも…
そういう銘柄を見つけること自体はけっして難しくはありません
そこから銘柄を選べば…
理論上は毎年5％のプラスです！
5%
つまり投資の元を取るのに20年かかるってことか…
ん〜〜
そうです！
死なない限り「勝てる」んですよ！
勝つっ！
パンッ！
節約ーっ
おー
このロングゲーム――少しでも成果を増やすため男は生活をとにかく切り詰めた

これも
そんな一例――
歯科医院
今日はどう
されました？
奥歯が痛くて…
え！ 20代？
老けすぎ？
パスタ（炭水化物）ばかりを
食べていたせいで
顔が老けてしまったようだ
あ～
麻酔かけて
削って治療が
必要ですね
麻酔！
麻酔処置で
診療報酬の点数が
つくと支払いが
増える…
ナシで
お願いします！
ホントに
いいんですか？
結構
深いですが
大丈夫大丈夫！
こー見えて痛みに
強いんダナァ
節約
節約っ
出費は極力
抑えねば…
ポリシーは
通したが…
ぐえ
え
え
余りの痛みに
気絶しかけると
天啓が！

いだ〜〜い…！
江戸時代のお産のシーン
天井からぶら下がる紐をつかんで激痛に耐えているぅ…！
オ、オレも
親指を死ぬ気で握る…！
おおおお
おお…痛みが和らぐ！
神様オレ頑張るよぉ
おお
ガッツだぜ！
だ、大丈夫ですか？
ゼイ
ゼイ
冷や汗を垂らして治療を耐えきった…
こうして彼は医療費を節約し——
ハァ
ハァ…
本日は××円になります
頑張った頑張った
あのー麻酔してたらいくら追加になりましたか？
えーっと…180円ですね
カコ〜ン
180円
耐えた痛み
また老けた…
節約にもコスパがある——
そう学んだ週末の午後であった

節約は人生を変える

自由には金がいる——節約生活のスタート

欲しいものを手に入れるために節約をしてお金を貯めることを覚えたのは、小学生の時でした。プロローグのまんがで触れたように、欲しいゲームソフトを親に買ってもらえず、自分でなんとかしなければなりませんでした。

今思えば、他にも方法があったのかもしれませんが、私はここで「節約を続けていれば、望みが叶う」という法則を学びました。「毎月200円は好きなことに使い、300円は貯金する」といった配分を考えることもなく、とにかく全額をゲームソフトのために貯金していたわけですが、この極端な姿勢には、早くも私のお金に対する接し方の特徴が表れていたように思います。

社会人になり、私はしがないサラリーマンとなりました。1カ月もすると、早くも仕事を辞めたくなりました。元来、努力家と正反対のタイプである私は、「仕事を頑張る」とか「出世して給料を上げる」「皆の尊敬を集める」「社会的地位を上げる」といったことにまったく興味が持てず、仕事へのモチベーションをまったく見出せなかったのです。でも、先立つものがありません。望みを叶えるために必要なのは、ここでもやはりお金でした。

――自由になるには金がいる。

そう理解した私は、とにかく貯金を始めました。「お金を貯めれば望みが叶う」という法則を再び人生で生かそうと考え、手取りの8割を貯金に回すという活動をスタートしたのです。

当時は社宅に住んでいたため、住居費、水道光熱費はかかりませんでした。一番の出費は食費になりますが、これを限界まで抑えることを徹底。それは、少し分析的な言い方をすれば、エンゲル係数（食費÷消費支出×100）を限界まで高めるという活動になります。エンゲル係数が高くなるのは、①食費が上がったとき、②消費支出が減ったとき、の2パターンがあります。そこで食費は極力抑えつつ、さらに消費支出も限りなく減らしていく、という活動を徹底するのです。そのためには、無料でどれだけやりたいことをやれるかを必死に考えなければなりません。これがいわゆる「コジ活」というヤツです。

20代の私にとって、ものの値段のモノサシは「１００円」でした。１００円より価格が上のものは「高い」。１００円より価格が低いものは「安い」という基準で、すべての商品・サービスを選別していました。サラリーマンが「昼食に１０００円は高い」と言ったりしますよね。あのような感覚で、「１００円」を基準にして、世の中のものを見ていたのです。当時は静岡の田舎に住んでいたことや、人よりも怠け者だったおかげだろうと思います。

王道はペペロンチーノ、セルフバリカンは当たり前

散髪は、セルフのバリカンで坊主が、当時のヘアスタイルでした。食事の基本は麺類。ラーメン、素麺、焼きそばも悪くないですが、特にオススメはパスタです。味付けのバリエーションが豊富なため、毎日食べても飽きがきません。なかでもよく食卓に上ったのは、オリーブオイル、塩、唐辛子をかければ出来上がりとなるペペロンチーノでした。実家からたまに送られるパスタソースを使えば、ご馳走です。

野菜の基本は、もやし。当時は1袋19円で買えました。あとはじゃがいも、玉ねぎ、にんじんなどは日持ちするので、オススメです。キャベツは満腹感が出るし、腹持ちがいいのでラーメンのトッピングには相性がよいです。卵は1パック50円という日があって、その時だけ買うようにしていました。

節約のための最強の食材は、なんといっても小麦粉でしょう。当時は１キロ１６０円という破格のコスパぶりでした。ホットケーキ、お好み焼きなどと味付けのバリエーションが豊富で、工夫次第で量も食べられます。牛乳は高級品ですが、料理のバリエーションや健康を考え、時々やむなく購入していました。

肉や魚は高いので、たんぱく質が欲しいときは、豆を食べていました。調味料でいろいろと味付けを変え、こんな食事を自炊で毎日繰り返していたのです。

平日の昼食では、社員食堂が安価で助かりました。一人暮らしの時は朝食は食べず、会社の無料のコーヒーにガムシロとミルクを多めに入れて朝食代わりにし、昼は社員食堂のカレーに無料の米を大量に食べて空腹を満たしていました。

もし社員食堂が無い会社の場合なら、オートミールを持っていくのがおすすめです。電子レンジと水か熱湯があれば食べられるしダイエットにも最適です。それも無い会社の場合はナッツを持っていくといいでしょう。

外食すると高いし太るし栄養バランスも微妙なので、1食は不味い健康メシを食べるべきです。3食ちゃんと食べるのはカロリー過多になりがちだし、私の当時のやり方も栄養バランスはめちゃくちゃでしたので、今から振り返るとそうするべきだったと思っています。

日用品は100円ショップ、服は一度買ったら破れるまで着ます。破れたら、そこを縫ってまた着ました。今では安いイメージも薄れたユニクロですが、20代の頃、ユニクロのジーンズ1本を4年間はいていました。破れたら、当て布を当ててアイロンで接着できる補修グッズが100均にありますので、オススメです。

偏った食生活でしたが、すべての移動を徒歩か自転車で済ませていたため、当時は幸い太ることはありませんでした。

ただ、炭水化物に大きく偏った食生活を続けたせいで、歯が悪くなってしまいました。歯科医院で虫歯治療をするハメとなりましたが、ここで麻酔代をケチることを思いつきます。子供の頃の歯科治療では、麻酔なしでの治療が普通だったので、「なんとかイケる」と思ったのですが……。虫歯を削る激痛に気絶しそうになりました。そのとき閃《ひらめ》いて親指を力いっぱい握り込んでみると、なんと痛みが軽減。そのまま治療を耐え忍ぶことができました。

あとで確認したところ、麻酔をせずに節約できたのは、たったの180円。あの激痛に耐えた代価が180円というのは、さすがに割に合わないと思いました。節約を突き詰めることにはやぶさかではないが、コスパというものもあるな、と学んだ一件です。

節約だけでは先がない

会社員としての年収は、入社1年目は300万円程度でしたが、これほどの節約をしていれば、数カ月もすれば、少しは貯金が貯まってきます。私はやがて、「貯まったお金をどうやって増やそうか」と考え始めました。ただ、いくら給料の8割を貯金に回しているといっても、お金を貯めるだけでは、その効果はタカが知れています。貯金したお金を何とか増やす方法を見出す必要がありました。宝くじやギャンブルも選択肢には上りましたが、リスクが高いうえ、再現性が低く、すぐに検討をやめました。

そうこうしているうちに、入社して数カ月。ここで偶然知ったのが、リンガーハットの株主優待でした。知人に誘われて入店し、目にしたチラシで「株主になれば、タダメシが食える」という事実を知り、私は雷に打たれたような衝撃を覚えました。「贅沢は敵」ですから、外食なんてもってのほか。そんな私にとって、「無料で飯が食える」ということほど、魅力的なものはありません。

こうして私は、お金を増やす方法として、株式投資を知りました。早速、主にネットを通して情報を集め、まずは優待株を買うというところから、株式投資を始めていきました。

お金持ちになる唯一の道

「お金持ちの方程式」を眺めてみると……

コジ活の話ばかりをしていても、皆さんの参考になるかどうかわかりませんので、少しは株式投資についてもお話をしていきましょう。まずは大前提として、「お金持ちの方程式」

お金持ちの方程式

資産形成 ＝ **（収入－支出）** ＋ **（現有資産×運用利回り）**

「貯金」と言い換えても ↓ **コジ活**に専念 ↓ ※「**収入UP**」は手放す

効果的な「資産運用」を実施 ↓ **株式投資**で実現 ↓ ※当初は主に「**優待＋配当**」に注目

というものを聞いたことがあるでしょうか。その公式は、次のようになります。

資産形成＝（収入－支出）＋（現有資産×運用利回り）

さまざまな本やサイトでも紹介されているので、どこかで見かけたことがある人も多いかもしれません。各項目の名称は多少違うことがあるかもしれませんが、趣旨はどれも違いはなく、大体このような感じの式となっています。

方程式なんて出てくると、その時点で拒絶反応が出たり、思考停止になる人も多いかもしれませんが、ここは頑張って理解しましょう。この本では、方程式は、コレしか出てきません。あともう1つだけ、方程式右側のかっこの内容を、少し細かくした式が登場するだけです。

本のタイトルに「8億円を貯めた」とありますが、私は自分が優秀な人間だとも思っていないし、とびぬけた才能や学があるわけでもないと自覚しています。そんな凡人の私が、経済的な自由を手に入れるためにやるべきことといえば、お金持ちになるための行動を「コツコツと続けること」以外にありませんでした。そして、継続のためには、誰でも理解できるシンプルな行動がよいのです。

それがこの式というわけです。一緒に詳しく見ていきましょう。

まずは「手残りを最大化する」を考える

まず、左辺に「資産形成＝」とありますので、これは、「資産を形成するために必要なことは……」を示した式です。

そして、右辺の前半、左半分を見てみます。そこはこのような式となっています。

資産形成（貯金）＝（収入－支出）

ここで資産形成の部分は「貯金」と読み替えたらわかりやすいですよね。株式投資に出会う前、社会経験も乏しく、視野も狭かった私は純真無垢で、「お金を増やすには節約しかない」と思い込んでいました。そこで、とにかく支出を減らして収入の8割を貯金し、（収入－支出）の値を最大化する作戦に打ち込みました。月々の「手残り」をできるだけ多くすることに励み続けたわけです。

もし私に、ビジネスのセンスや目ざとさ、機敏さがあれば、「副業で稼ぐ」をねらい、「収入」のほうに影響を与えることも考えたでしょう。しかし、私には、そういうことができませんでした。商才もそうですが、何より働くこと自体に、あまり熱意を持てない性格だったので……。ただ、資産形成（貯金）＝（収入－支出）の値を最大化するなら、収入を増やす活動も加味したほうが、当然、効果的です。しかし、この本を手に取った方は、私に共感してくれるタイプの人が多いはず。「これ以上、仕事をするのはちょっと……」という人は、まず「貯金」を増やすことに全力を注いでほしいと思います。資本主義という社会の仕組みでは、資本（資産≒貯金）をどれだけ持っているかで、人生が大きく変わってしまいますので。

元手が多いほど利回りのインパクトが大きい

例えば、100万円の貯金がある人が株式投資を始めたとしましょう。すごく実力があり運もよく、1年後に2倍の200万円になったとします。その時の儲けは100万円です。一方、1億円の貯金がある人が株式投資を始めたとしましょう。ただし、ある株を買って、ほったらかしです。その株が1年後、株価が全く変動していなくても、配当金がわずか1%でもあれば、この人は100万円を儲けることになります。こんな風に「デカい貯金がある」というのは、それ自体、資産を増やす要因なのです。もし、その人にすごく実力があり運もよく、1年後に株価が2倍になれば、1億円儲かってしまいます。「2倍」でも、元手が大きければ、儲けのインパクトはまったく変わってくるわけです。

これが、資本主義社会の現実です。資本を多く持っている人が圧倒的優位な世界です。なので、株式投資を始めとする資産運用で成功したいと思うなら、まずは資本となる「貯金」をどれだけ作れるかがとても重要な勝負どころになってきます。特に「手残りをどれだけ大きくするか」は、自分の努力で結果をコントロールできる領域であるという点が、見逃せません。そこでこのアプローチを究極まで突き詰めたのが、本書の全編で取り上げている「コジ活」なのです。

そんな感じで、徹底的な節約による「貯金」（方程式の左側）に全力を注いでいた私が偶然出会ったのが、リンガーハットの優待だったわけです。まさに運命の出会い。この、無料でご飯が食べられるという魔法のような仕組みに出会うことで、図らずも方程式の右側にある「現有資産×運用利回り」の存在を知ることになったのです。

「利回り」で速度を上げる

貯金が自動で増える「運用利回り」に注目する

貯金は所詮、貯まっていくだけの存在です。ところが、それを運用するとうまくいけば利益になる（無料で食事ができる優待券を手に入れることができる）ことに、私はリンガー

原資が大きいほど利回りの効果はデカい

資産形成 ＝ **現有資産** × **運用利回り**

運用利回りが変わらないとしたら…

100万円×利回り1％ → 1年後に**101万円** → **1万円**のプラス

1億円×利回り1％ → 1年後に**1億100万円** → **100万円**のプラス

⇒「原資にどれだけ注ぎ込めるか」が勝負！

ハットで気づいたのです。自分の資産を、株式に置き換えておくだけで優待券を手に入れ支出を減らせる。なんという魔法の仕組みでしょうか。この世の中の仕組みに気づいてしまったところから、私の株式投資人生が始まりました。

お金持ちの方程式は、次のような内容でした。

資産形成＝（収入－支出）＋
（現有資産×運用利回り）

この方程式の右側の、資産形成＝（現有資産×運用利回り）について考えてみましょう。

ここでは、「利回り」という考え方が非常に重要です。利回りとは、投資金額に対

「実質利回り」という考え方

優待利回り 2%　＋　配当利回り 3%　⇒　実質利回りは 5%

例：20万円で飲食チェーンの株を買う

2000円の食事券が毎年2回もらえる　→　2%の優待利回り

3000円の配当が年2回もらえる　→　3%の優待利回り

⇒実質5%の利回りなので**合格！**

※優待で生活費を節約＝お金をもらっているのと同じ！

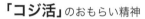

「コジ活」のおもらい精神

して、何%の利益（プラス）を得ることができるか。例えば、１００万円を投資して、利益としてちゃんぽんを1杯食べられるよりも、20万円の投資で1杯食べられたほうが、お得だということです。できるだけ少ない投資で、なるべく多くの利益を得る。そしてそれを継続する。これが「利回り」で利益を得るための考え方です。

投資をするなら、どれだけお得か、リターンがあるかを常に考える必要があるわけですが、私は、「配当利回り」に優待の金額を加味した「実質利回り」という考え方をとります。

株を買った金額に対し、「優待＋配当」で何%の利益を得られているか、というわ

PERとは？

PER※（株価収益率） ＝ 時価総額 ÷ 純利益

＝ 株　価 ÷ 1株当たりの利益

※PER…Price Earnings Ratio

つまり…

1. 時価総額は当期純利益の何倍か？
2. 時価総額まで利益を計上するのに何年かかるか？
3. 株を買った金額（投資額）を何年でその会社は稼ぐのか？

けですがこの実質利回りの概念を知ることにより、「当時の銀行預金の利息だけでは、貯金がちっとも増えない」という問題が完全に打破され、暗雲立ち込める未来に一筋の天啓が見えたのでした。

株式投資についてさらに調べていくと、株式投資ではPERという概念があることがわかりました。

PERとは、「Price Earnings Ratio」の略で、日本語では「株価収益率」と呼ばれています。これは企業の株価が1株当たりの純利益（EPS）の何倍であるかを示す指標です（上図）。

計算式は、「PER＝株価÷1株当たり純利益（EPS）となります。

ＥＰＳとは、「１株当たり純利益」のことで、企業の純利益を発行済み株式数で割った数値です。企業の収益力を示す重要な指標の１つです。計算式は、「ＥＰＳ＝当期純利益÷発行済み株式数」です。例えば、ある企業の１年間の純利益が10億円で、発行済み株式数が１０００万株の場合、ＥＰＳは１００円(10億円÷１０００万株)となります。

ＰＥＲで利回りを判定する

例えば、ある企業の株価が２０００円で、１株当たりの年間純利益（ＥＰＳ）が１００円の場合、ＰＥＲは20倍（２０００円÷１００円）となります。

ＰＥＲは株価が割高か割安かを判断する基本的な指標の１つで、一般的には、

・ＰＥＲが高い↓将来の成長期待が高い(だから株価が高くなっている)＝割高
・ＰＥＲが低い↓成長期待が低い(だから株価が低くなっている)＝割安

と見なすことができます。日本の東証プライムの平均ＰＥＲは15〜20倍といわれていますので、それよりも高ければ割高、低ければ割安と見なしてよいでしょう。ただし、業

PERの目安

PER 15～20倍 … 上場企業の平均

⇒時価総額まで利益を積み上げるのに15 ～ 20年かかるパフォーマンス
⇒100%÷20＝年5%の利益

20倍以上＝**割高**　20倍未満＝**割安**　と一般的には評価

PERで投資に見合うリターンを期待できる時間がわかる

種によって適正なＰＥＲは異なりますので、そこは注意してください。

さて、ここにＰＥＲが20倍という企業の株価があるとしましょう。ここに投資した場合、その金額に対して年５％の利益を企業が稼いでいるということができます。図で示した通り、ＰＥＲが20倍ということは、毎年の１株利益を積み上げて株価に到達するまでに20年かかる、ということだからです。

このようにＰＥＲの意味を理解することで、単純に配当利回りで銘柄選定するのではなく、企業の稼ぐ力で見る方法も私は学びました。

ちなみに、資産運用はうまくいけば利益になりますが、当然ながら減ることもありえ

死ななければ負けない！

例えば

吉野家の株 **20万円** を所有

毎年6000円分 の優待サービス券

6000円÷20万円＝0.03 ⇒**3%**の利回り

投資額を毎年3%ずつ回収

100%÷3%＝33.3 ⇒**33.3年**で投資額を**回収！**

（以後はプラスへ）

株価が下落しても、**死なない限り**

34年目に元は取れる！

ます。ただ、私の場合、「とにかく元を取れれば問題ない」と考えていました。例えば吉野家の株を20万円で買って、年間６０００円分のサービス券をもらえば、優待利回りは３％です。この優待を34年もらい続ければ元が取れるから、どんなに株価が下落しても、株を持ち続け、優待をもらい続けられれば、途中で自分が死なない限りは絶対負けないじゃないかと考えていたのです。

時間の使い方を意識する

もう1つ、この章でお伝えしておきたいことがあります。それは、株式投資の勉強時間についてです。皆さんは、何か習い事をされたことはありますか？　週に1回、スポーツでも生け花でもなんでもいいので、週1回2時間通って1年間で、どれだけの時間を費やしているかというと、１００時間ぐらいなんですよ。週1回の習い事で、どのくらいのスキルが身につくか、習い事をされている方ならわかるかと思いますが、そんなにスペシャルな技術は身につきませんよね。1年続けて、やっと初心者の仲間入りをするぐらいではないでしょうか。

投資のスキルもそれと同じです。成功している人は、うまくやっているように見えるかもしれませんが、見えないところでものすごい時間を割いて、時には仕事のごとく頑張って勉強し、短期間でものにするか、5年10年といった長い時間をかけて身につけていくのか、そのどちらかになるのです。当時は私は20代だったこともあり、資産運用は若いほど始めるのに有利であることに気がつくことができました。

ところがほとんどの人には、その時間がありません。後でまた詳しく述べますが、大抵、自分が自由に使えるフリータイムは、最大週27・5時間程度にすぎないのです(１７１ページ図参照)。その時間を何に配分するのか。あなたは投資にどれだけの時間が割けるのか、割きたいのかを考えてみてください。この観点は、私にとって重要な投資哲学ですので、第3章と第5章でも少し触れたいと思います。

第2章

人生崩壊を覚悟した誤発注

——リスクとどう向き合うか

2コジ目

死ぬかと思った日

株式投資に
慣れてきた頃――
社員食堂にて
先輩
何食べます？
俺は今日は
カレーに
しようかな
本日の
メニュー
カレー 120
オムライス 300
120円で
めちゃめちゃ
安いですよね
ありがたいな
先輩は？
ぴっ
ん？
俺はこれ
100
100円？
お～
120円カレー
うまそう！
あれ？
先輩も
カレーライス
ですか？
ええっ！
それご飯茶碗じゃ
ないですか？

そう！券売機をよく見なよ
「カレールー 30円」「ライス 60円」ってのがある
食券機
カレールー 30円
ライス 60円
2つ買えば90円でカレーライスが食べられるんだヨォ！
せ、先輩！それって…
カレールーを半分ご飯（茶碗）にかけて、と
うまし！
さてと！
しかも！ライスはお代わり無料だヨォ？
彼のコジ活は留まることがなかった…

この方式を発見した彼はあげくの果てに
ごちそうさまさて行くか…
ちょい待ちっ！
茶碗貸して
究極！人の茶碗でライスおかわり30円カレー
よりうましっ！
30円でカレーライスを食べるまでに突き詰めたという
そんな節約生活は飲み会でも…
飲みに行こうぜ！
ワタミ
わたみん家
ワタミにて
先輩から誘うなんて…珍しく奢《おご》ってくれるのかな？
何頼みますか？

俺はこれだ！
食事ご優待券
でた！先輩得意の優待券！
このボトル入れます！
どん！
はーい
わたみ
どうもーまた来ます
え？
もう帰るの！
ありがとうございましたー
じゃ、入るか
??
しれっ
いらっしゃいませー
この人たちまた来た！
和民

僕のボトル出して
は〜い!
これとこれとこれ…ちょうど1000円
枝豆
もやし炒め
板わさ
さ〜飲むぞ食うぞ!
か〜うまい!
しょぼ〜〜
……
あ〜楽しいも〜ベロベロ
食事ご優待券
お勘定〜これでね!
さて、〆て帰るか!
まさか…
ワタミ
わたみん家
1店舗1000円までだから食い足りないだろ?
食事ご優待券
下の階にわたみん家あるし
1日で優待券でボトル入れてせんべろしてまた別の店でせんべろして…
先輩〜!

その後、いつの頃からかワタミの優待券には次の注意書きが添えられるようになったという――
食事ご優待券
お一人様"1日"1回1枚
ご利用いただけます
お一人様1日1回1枚ご利用いただけます
…俺が払うんで普通に飲みましょうよ…
いい奴!
!マジで!
コジ活を楽しみながら株投資で資産を増やす――
100万円から始めた資産は毎年260万円近くを追加投入しながら
2000万円
5年目には2000万円ほどに増えていた
えっすご!あのケチな人?
ぜひお話聞かせてください!
ええその人です!
いやあ〜すべてが順調ですなあ
――と思っていた矢先の

2006年
ライブドア・ショックで
株価急落！　保有株は
軒並み含み損に…！
毎年マイナスで
負けを取り戻そうと
銘柄を変えながら
入金しても入金しても
資金が溶けていき…
そのトドメに
リーマン・ショック！
からの…
元本割れ…
その額…
→1300万円！
え〜
かわいそー
です！
今まで
やってきたことは
間違っていたのか…
お金持ちに
なるなんて
しょせん儚《はかな》い夢
だったのか…
いや！
俺はやると
誓ったんだ！
改めて
「株で人生を変える」
という決意を
思い出し
原点回帰——
カチャ
カチャ
カチャ
カチャ
基本に忠実に
コジ活プラスPERで
利回りを見て銘柄を選択…
こうしてなんとか
立ち直り、再び軌道に
乗り始めたところに
「事件」が待っていた——
コジ活が高じた彼は
株の売買にかかる
手数料を節約したいっ！
そう考えた俺は
信用取引にも
手を染めていたんだ
信用取引？

簡単にいえば
証券会社から
お金や株を借りて
株を売買する
仕組みだヨォ
貸して
いいよ
証券会社
信用買い
お金を借りて株を買う
¥10000
株
値上がりしたら株を売り、収益を得る
⇒お金を返す
いずれも期限までに
お金（または株）を
返さなければならない！
信用売り
株を借りて株を売る
証券会社
信用買いで買い注文をして
その株を買い取る（現引き）ことに
すると、手数料が安くなるんだヨォ
借りた株を売り、値下がりしたら買い戻す
⇒株を返す

※ 当時は現在と違い、購入単位が100株で統一されていなかったため、このようなミスが起こりえました。

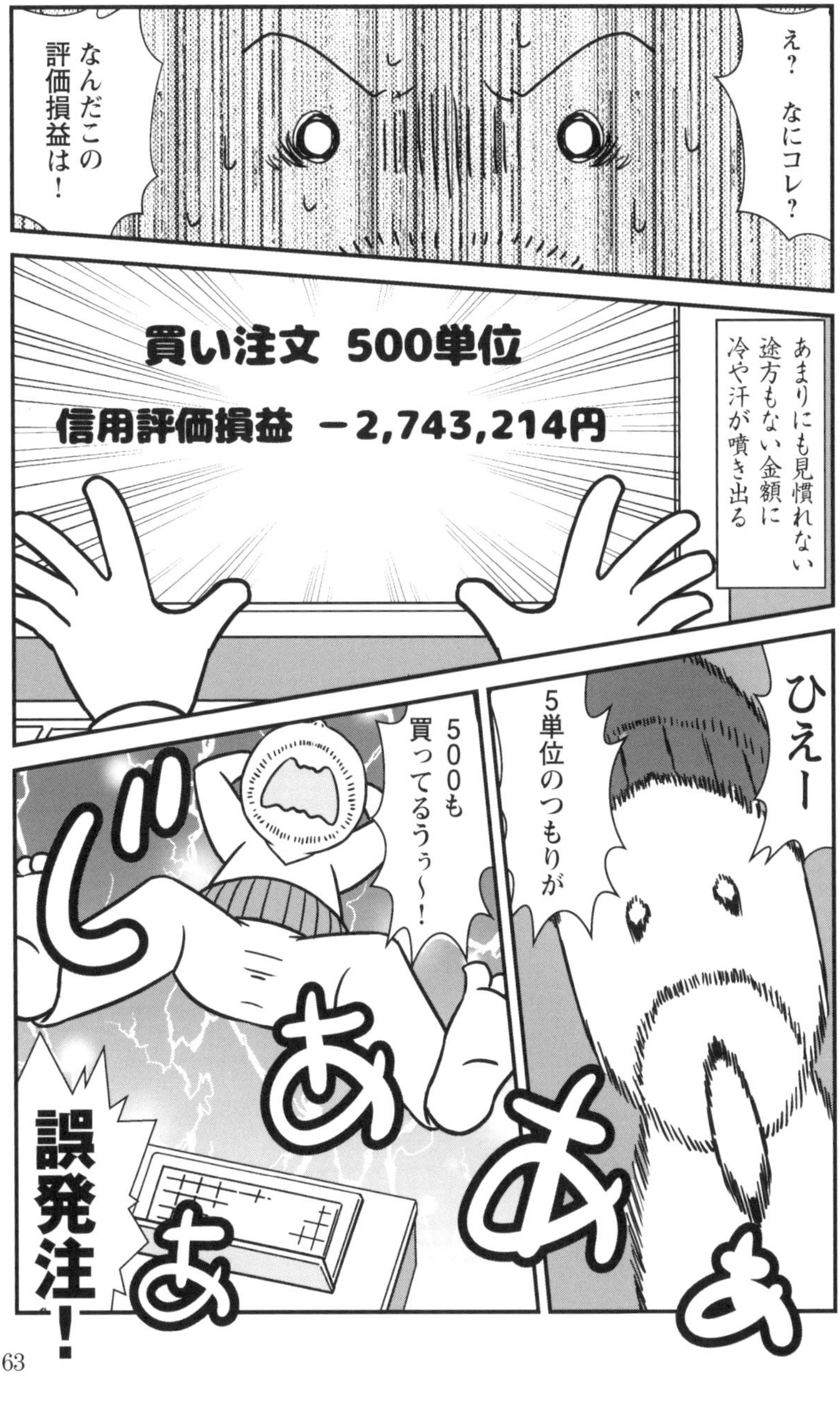
え？　なにコレ？
なんだこの評価損益は！
あまりにも見慣れない途方もない金額に冷や汗が噴き出る
買い注文　500単位
信用評価損益　－2,743,214円
ひえー
5単位のつもりが
500も買ってるぅ～！
じゃあああ
誤発注！

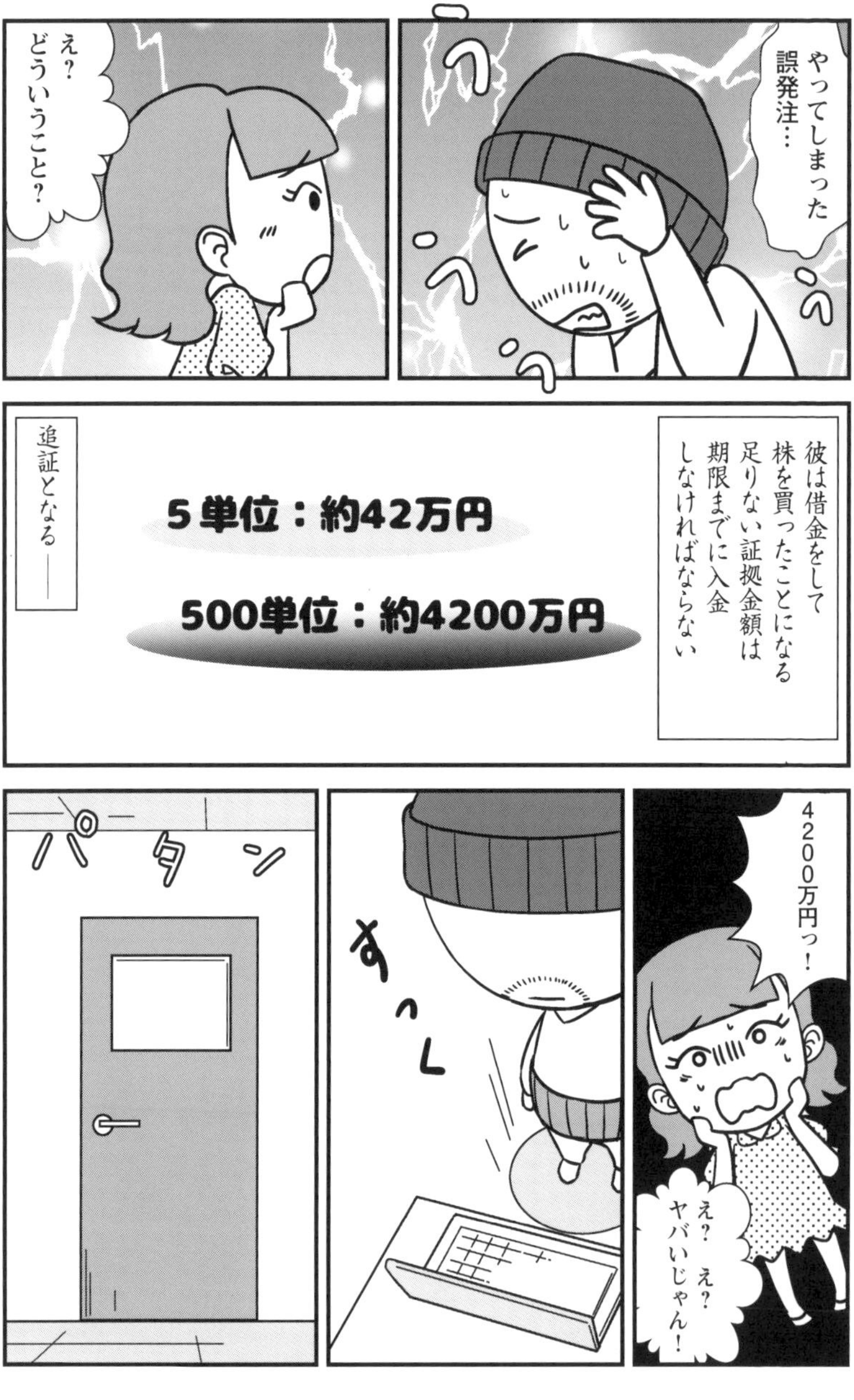
やってしまった
誤発注…
え？
どういうこと？
彼は借金をして
株を買ったことになる
足りない証拠金額は
期限までに入金
しなければならない
5単位：約42万円
500単位：約4200万円
追証となる――
4200万円っ！
え？　え？
ヤバいじゃん！
パタン

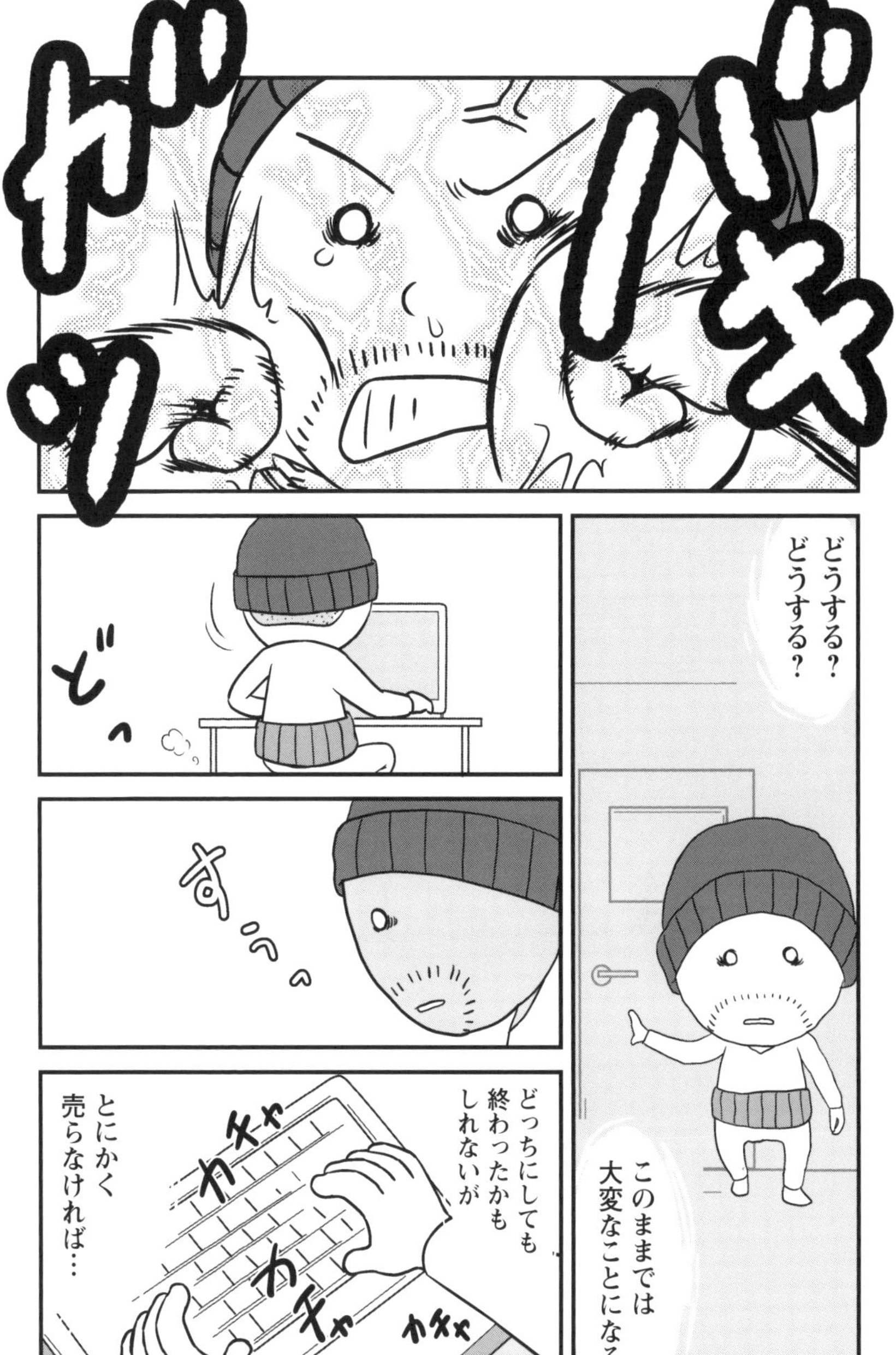
ガバッ
バギッ
どうする？
どうする？
このままでは
大変なことになる
どっ
すっ
どっちにしても
終わったかも
しれないが
とにかく
売らなければ…
カチャ
カチャ
カチャ

気がつくと
15時になり
大引けとなったが
ここで証券会社の
空売りの買い戻しと
思われる大量の買いが入る
JPX
TOKYO STOCK EXCHANGE
大引け：
証券取引所におけるその日
最後の取引のこと
ううっ！
しまったああああ
これに売りをぶつけ損ね
激しく悔やむ
この日の出来高は1100株
そのうちの750株を
自分の売買が占めていた
750株
1100株
普段の出来高は
100株にも満たない日も
多いこの銘柄で
どう処分していけば
いいのか…
俺は
途方に暮れていた…

仕事どころではなくなった俺は
カチャ カチャ カチャ カチャ カチャ カチャ カチャ
売り板
買い板
ただひたすら出てくる買い板に売り注文をぶつける
板：
その株の価格ごとに買い注文や売り注文がどのくらいあるのかについて一覧で表示されているもの
次々に確定していく損失に気の狂った笑いすら浮かべながら
はははははは
自分の意思で信用売買で勝負したならば負けたとしてもまだ納得がいく
カチャ カチャ カチャ カチャ
普段信用取引をしない投資家が誤発注で…
カチャ
カチャ カチャ
今まで頑張ってきたのに！

とにかく買ってしまった株を売りまくり――
なんとか200万円ほどの損失で事態を乗り切った
いままでの節約分が一瞬のミスで…
お疲れ〜
でも借金にならないだけマシだったじゃん
命までとられたわけじゃないし
キラッ
おおう
損した分も絶対に元を取ってやるんだっ！
その通りだ――！
おおっ

この失敗を決して
忘れまいと彼は
ハンドルネームを改名
「御発注」と
名乗るようになった
御発注
いいですか〜
皆さん
株は舐《な》めちゃ
いけないいっ！
株
そうだ
そうだ！
より節約して
稼げ〜！
だが今でも
飲みながら
売買したりして
たまに軽くやらかして
いるという――
あ、やべ
ポチ
もう一度言う…
株は舐めちゃ
いけない

食費を限界まで切り詰める

30円カレーとワタミ大回転

節約を極めようとして、あらゆる出費を切り詰めていくわけですが、ネックになるのは飲食費です。飲まず食わずでは人は生きられませんから、どうしても毎日いくらかの出費にはなってしまうわけです。そこがコジ活愛好家には耐えられません。

そんななかで編み出したのが、まんがでも触れた「30円カレー」の術です。私の会社の社員食堂では120円でカレーライスが食べられるのですが、それとは別に「カレールー 30円」「ライス 60円」というメニューもありました。そこでこの2つを組み合わせて90円でカレーライスが食べられることに気がつきます。さらにライスは、茶碗を配給のカウンターに持っていけば無料でお代わりできることから、知人が食事を終えたのを見計らってその茶碗を譲り受け、カレールーの30円だけでカレーライスを味わう方法を編み出しました。

ここには「人が使った器でメシが食えるか？」という問いが隠されているわけですが、器が汚れない白米で知人の器なら私はまあ、大丈夫です。箸がついていない食べ残しのおかずや酒のつまみなどは、見ず知らずの人のものでも気にせず美味しくいただけます。犬の茶碗で飯を食うのギリギリ1段階上の状態です。

ワタミ系列店のハシゴは、優待券のフル活用です。会社近くの飲食店が集まるビルに「ワタミ」と「わたみん家」が入っていたことから思いついたワザです。ワタミの優待は1枚500円までなので、知人を連れて入ることで1000円、1人で行く場合はワタミふれあいカードというクレジットカードの誕生日特典クーポンと併用することで、1回あたり1000円まで割引できます。そこでまずワタミで席に座らず、1000円の優待券でボトルを入れてもらって、退店。再度入店し、お通しカットを宣言し、先ほどのボトルを出して、つまみをもう1枚の優待券で1000円分注文する。当然、それだけでは食べ足りませんので、同じビルのわたみん家に入り、お通しカットを宣言し、また1000円分の飲食を優待券で堪能する、という具合です。

その後、ワタミの優待券の使用ルールは「利用は1人〝1日〟1回1枚まで」と更新され、その旨が付記されました。「ワタミの優待ルールを変えた男」と名乗りたいところですが、さすがに私だけの振る舞いでそうなったのではないでしょう。日本のどこかで同じように優待券でコジ活を楽しんでいた仲間がいたのでしょうね。

私の行動には後輩だけでなく、店員も呆れて（引いて）いたかもしれませんが、店員の目を気にせず己を貫けるかどうかは、コジ活にとって重要です。節約で人生を変えたいのなら、人の目で揺らいでいるようでは、まだまだと言うほかありません。

例えば、ＫＡＬＤＩでは試飲コーヒーを店頭で無料で配布していますね。私はこれを数え切れないほど味わってきましたが、だからといってお返しに何かを買ったことは一度もありません。店員の期待の眼差しにも一切動じず、ただコーヒーを味わいます。やっぱり無料はコクが違いますから。コジ活で人生を変えるなら、不動心が欠かせません。ただ、コーヒーを飲みながら感謝の気持ちは抱いています。「いつもすいやせん」と……。

水との向き合い方でコジ活の才能がわかる

コジ活を貫き、大きな貯金を築く才能があるかどうかは、水への接し方でもわかると思います。コジん的な意見として、外出中に喉が渇いたからといって、ペットボトルの水をコンビニや自動販売機で抵抗なく買うような人は、性根のところでコジ活には向いていないのだろうと思います。日本において、水はタダ同然で手に入るものの1つです。もしそれを毎日何度も１００円以上も払って手に入れることに何の葛藤もないのならば、残念ながらコジ活には向いていないと言わざるをえません。

といっても、私にもこだわりがあって、公園の水道水をそのまま飲んだり、持ち歩いたりはしません。自宅で水道水を沸騰させたものを水筒に入れ、持ち歩くのがコジん的にはベストです。味気ないなら、ウーロン茶のお湯出しパックでお茶にするのもよいでしょう。

生命の危機を感じない限りは、とにかく「水を買う」は禁止。無料の給水所はあるものです。ウォーターサーバーマップで検索すれば、自治体の設置場所がマップで出てきます。日本の素晴らしい水道環境には感謝しかありません。実際、30代までは、ペットボトルは10本も買っていないと思います。20代は、1本買ったか買ってないかのレベルだと思います。ファミペイのアプリを登録するとお茶の無料クーポンがもらえるので、ぜひ登録してみてください。

リスクとの向き合い方

2つのリスクを知っておく

第1章でお金持ちの方程式を紹介しましたが、運用のための原資をできるだけ増やす方法は、実際にはいろいろと存在します。しかし、仕事に熱意も持てず、飛び抜けた商才があるわけでもないのに、働きたくない気持ちだけは人並み以上だった私には、「コジ活」すなわち「極限までの節約」しかありませんでした。このような節約によって生み出した原資を株投資に回していくわけですが、どちらも重要なのはコツコツと継続すること。私の本来の株投資に対するスタンスは「元が取れればよい」ですから、短期間で株価が大きく上がってほしいという期待で銘柄を選ぶことは、基本的にはありません。PERが20倍であれば、理論上は20年で元が取れる。株価が上がろうが下がろうが、持ち続けていれば、

2つのリスク

既知のリスク … わかっていたリスク、予測できたリスク

→ **事前に準備する。対応をシミュレーションしておく**

未知のリスク … 予測していなかったリスク

→ **その場でダメージを減らす/止める…冷静さを失わないこと!**

→ **経験に変え、「既知のリスク」にする…退場せず、続けること!**

→ **情報収集により、「既知のリスク」にする…人の失敗談から学ぶ!**

配当＋優待でいずれ買値よりもプラスを受け取ることになる。そういう考えが、一番の軸にあります（もっとも、学び、実践していくなかで、いろいろ別の考えや手法で売買する割合も増えていくわけですが）。

実際、株投資を始めて5年も経つ頃には、資産は2000万円を超えるほどになっていました。このように、株投資で一番大事なのは、「長期で継続し続けること」。ならばその一番の敵は、「続けられないほどのダメージを負う事態」といえるでしょう。

リスクには大きく分けて、2つあります。「既知のリスク」と「未知のリスク」です。言い換えると、前者は「予測できていたリスク」であり、後者は「全く予測していな

「未知のリスク」を「既知のリスク」にする

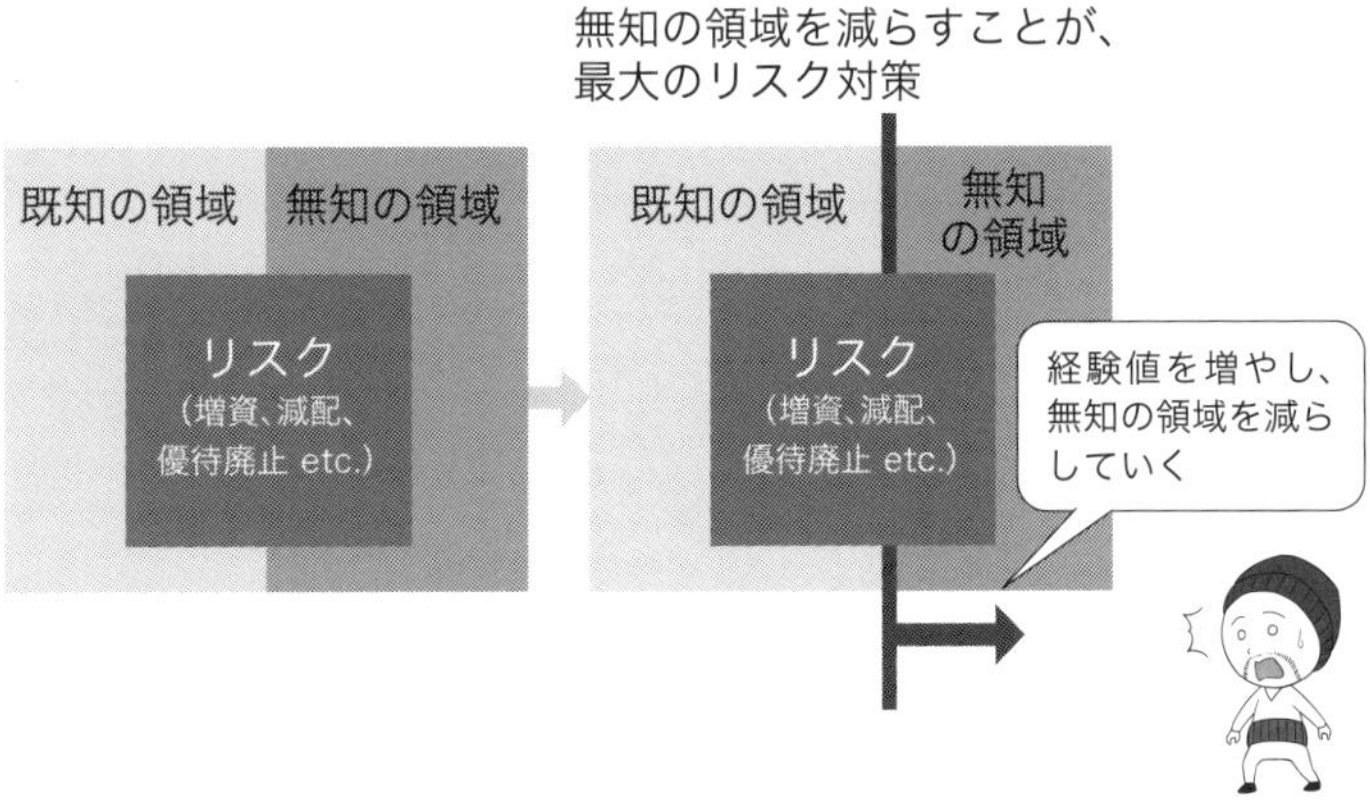

かったリスク」となります。「わかっていたかどうか」が、リスクの種類では重要な線引きなのです。というのも、予測できていたリスクは比較的対処しやすいですが、全く予測していなかったリスクは、対処がとても難しくなるからです（上図）。

例えば、経験済みのミスやトラブルであれば、ある程度冷静に対処が可能です。「次に何が起こるのか」「放っておけばどのように被害が拡大するのか」「それを防ぐには、またはダメージを最小限にするにはどんな行動をとるべきか」がわかっているからです。

一方、未経験のミスやトラブルでは、そうはいきません。その事態が何を意味するのかが、全くの未知数だからです。次に何が起こるのか、どのように被害は拡大しうるのか、次にどんな手を講じればよいのか……。

そうしたことがすべて手探りの中、しかし何かをしなければならない。

そんな「未知のリスク」が現実化したとき、人は冷静さを失います。しかし、ここでパニックになってはいけません。なぜなら恐ろしいことに、動揺したまま未知のリスクに対処することで、とてつもない大きなミスを犯す危険があるからです。未知のリスクに対処しているとき、控えているのは「より大きな未知のリスク」なのです。

ライブドア・ショックからのリーマン・ショックで元本割れの悲劇

投資を始めてから4年目、2006年の始まりからの3年間は、「未知のリスク」との向き合い方を身をもって学んだ時期でした。その口火を切ったのは、いわゆる「ライブドア・ショック」でした。

私が順調に運用成績を上げていたところ、2006年1月、堀江貴文さんが社長を務めるIT企業のライブドアに東京地検特捜部が証券取引法違反の疑いで家宅捜索を開始。このニュースをきっかけに、翌日から株式市場が大混乱に陥りました。特にライブドア関連株、

2002年~2013年までの投資成績(その1)

2002年10月投資スタート
2003年末　＋20.0%
2004年末　＋49.7%
2005年末　＋39.6%
2006年末　－20.7%
2007年末　－14.6%
2008年末　－25.2%
2009年末　＋37.6%

⇒81ページに続く

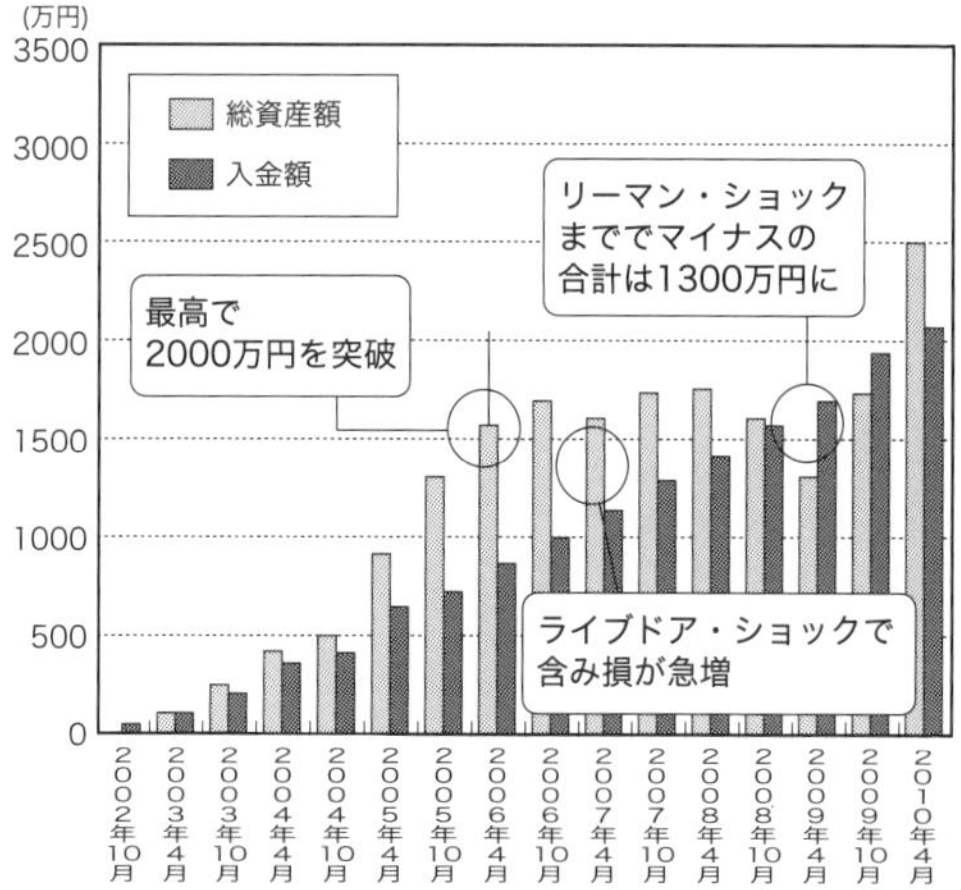

IT関連、新興市場は大荒れで株価が急落。1月18日には売り注文が殺到したため、東京証券取引所は取引時間の短縮を余儀なくされたほどでした。このとき日経平均は3日間で1200円も下落しました。

私が持っている銘柄も軒並み下落し、資産残高は急降下。初めての事態に呆然とするしかありませんでした。自分のミスで資産を減らしたならば、まだわかります。しかしこれは、まったく制御も予想もできない事態でした。一体どうすれば……。

悩みましたが、給料の8割を株式投資に回すという方法は、今まで結果を出してきました。私は諦めずに、コジ活を続け、節約したお金を株式投資に注ぎ続けました。

リーマン・ショックの株価下落（日経平均）

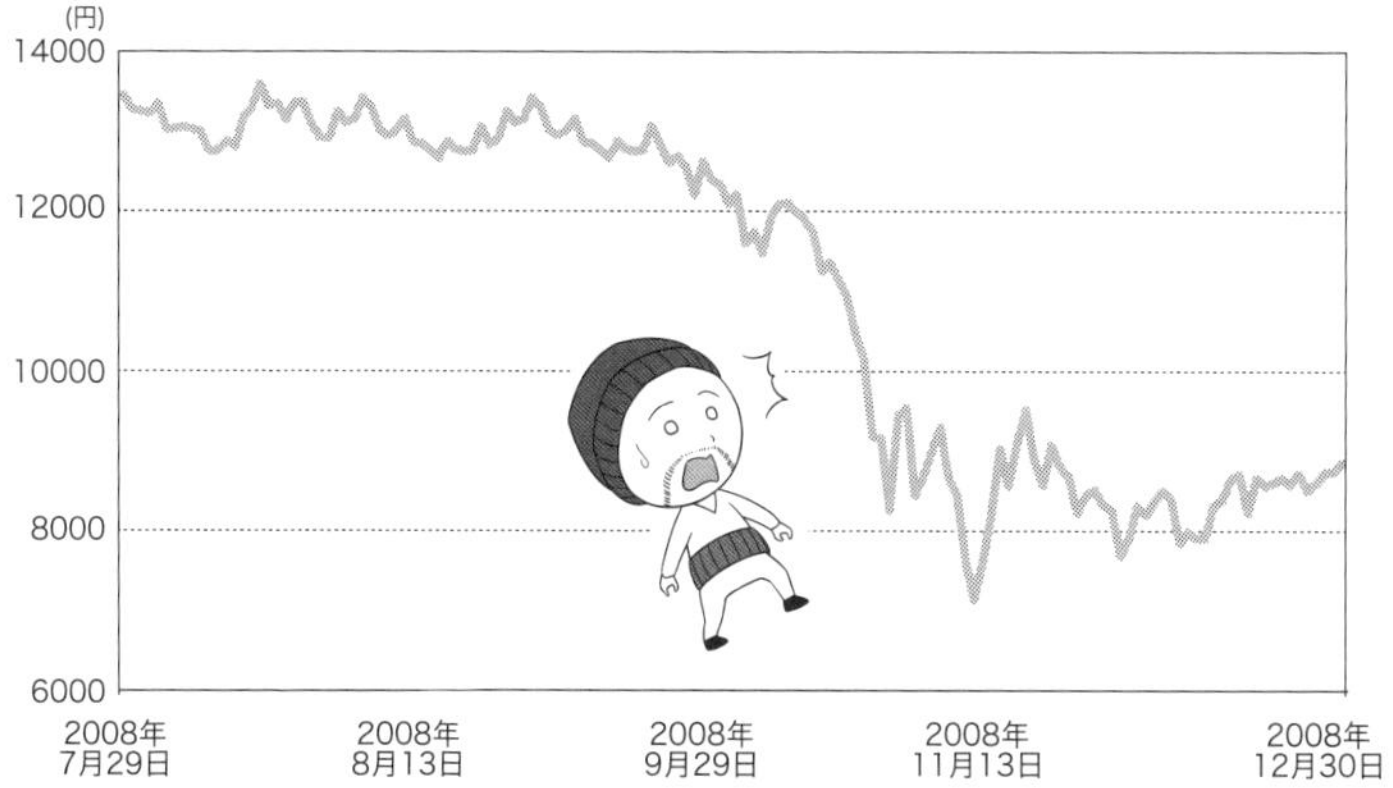

その結果、２００７年までは何とか入金を続けることで2年間運用成績はマイナスだったものの、総資産はなんとか維持できていたのです。そこにトドメを刺しにきたのが、リーマン・ショックでした。

リーマン・ショックは、２００８年９月、アメリカの大手投資会社リーマン・ブラザーズが経営破綻したことをきっかけに発生した世界的な金融危機のことです。戦後最大の金融危機ともいわれたほどのショックで、２００８年９月頃、日経平均株価は1万３０００円前後で推移していましたが、２００９年３月には７０００円台の底値を記録。半年ほどで約45～50％程度も下落したことになります。

当然、私にも大ショックでした。ライブドア・ショック以来、ギリギリ耐えていた資産残高は、遂に元本割れ。一時は2000万円あった資産が、毎年収入の8割を入金し続けても1300万円まで減っていました。

初心を思い出し、基本を忠実に繰り返す

「節約で人生を変えるなんて、土台無理だったのか……」

私は絶望しました。今まで自分がやってきたことは、何の意味もない間違いだったのではないかと。我慢に我慢を重ねてつくった貯金が証券口座に移した途端に溶けていく様は、見ていて空しいものがありました。

しかし、あるとき、ふと我に返り、思い出しました。自分が株投資を始め、各銘柄のPERを見比べながら、割安株を見つけていったことを。そして購入した銘柄は、その後、着実に値上がりしていったことを。そこで、さまざまな会社の決算書や指標を調べてみると、堅実な事業をしている会社は株価の動乱にかかわらず、着実な成長性を見せていたことがわかりました。「世界的な株価の暴落」というメディアの大騒ぎと巨大な含み損に我を忘れて

2002年~2013年までの投資成績(その2)

2010 年末　+0.8%
2011 年末 +19.9%
2012 年末 +43.5%
2013 年
１億円の大台を達成！
2013 年末 +89.7%
2014 年末 +32.5%
2015 年末 +20.6%

⇒78 ページから続く

合計入金額
3800 万円
平均年間入金額
364 万円
年間平均リターン
+19%

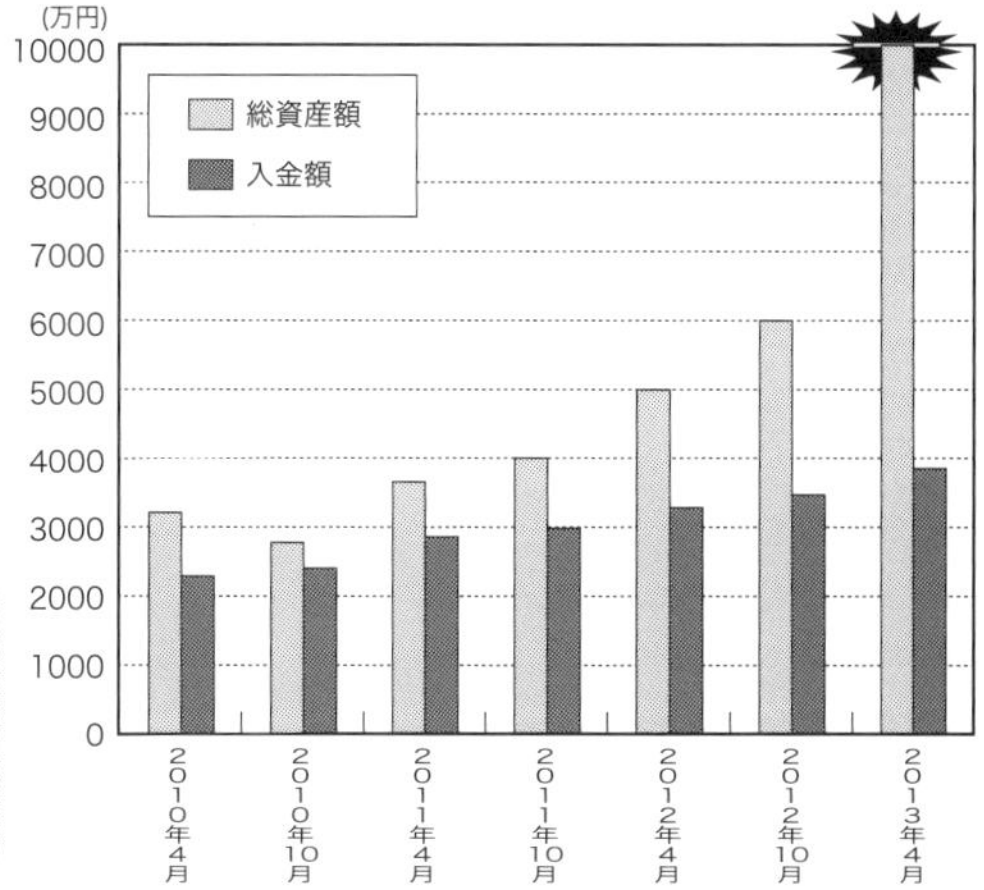

いましたが、今はそう、稼ぐ力が強い企業も株価も大きく下げている、「買い」の状況だったのです。

　こうして私は、「PER」「利回り」を軸にした自分にとっての基本に戻り、有望な銘柄を買い始めました。相変わらず、給料の8割をコツコツと投資に回しながら。すると、リーマン・ショックへの緊急対策が世界各国および日本でなされ、少しずつ事態が落ち着いてくると、私の資産残高もようやく上昇傾向を見せ始めました。

２００６〜２００８年までは、前年比で大きなマイナスが続きましたが、２００９年にはプラスに転じることができました。

もしあの時、株式投資をやめていたら……

ライブドア・ショックからのリーマン・ショックという3年間は、本当にツラい時期でした。しかし、予測できないリスクに対し、「基本に戻ることの大切さ」を学んだ時期でもありました。予期せぬリスクが現実化したとき、もっとも気をつけなければならないのは、事態に対して我を忘れることです。パニックに陥り、冷静でなくなった時にこそ、とてつもない大きなミスを犯す危険が潜んでいるのです。そういうときこそ、今まで結果を出してきた自分の原則に立ち戻らなければなりません。

私の場合は、「コジ活×株投資を長期戦で行うこと」となるわけですが、もしリーマン・ショックで「こんなことしても意味なかった」と、株式投資から離れていたら、8億円もの資産を築くことなど当然、できなかったでしょう。実際、私の知る人にもリーマン・ショックのせいで株式投資から離れてしまった人がいますが、もったいないことだと思います。逆に、それでも投資をやめなかった知り合いは皆、一財産をものにしています。

また、急激に発生した大きな負けをすぐに取り返そうとしても、多分、失敗していたと思います。短期間で生じた損失に動揺して、短期間で取り戻そうとすれば、やり方を変えるしかありません。緊急事態の中で慣れない方法を実践しても上手くいくはずはありませんから。私の基本的な考え方は、「持ち続けてさえいれば、必ずいつか元は取れる」。厳しい節約で積み重ねた資金に対して、元本割れまで起こしメンタルは正直かなりしんどかったです。それでも焦って短期で利益を出そうとはせず、この思想に立ち戻り、いつも通りに死ななければ勝てる、死んでも働きたくないと諦めずに、丁寧に銘柄を選んで買っていったことが、今の結果に繋がっていると思います。

ちなみにこの時のエクストリーム節約では会社の廃棄品の乾パンを大量に貰って食いつないでいました。被災地でもないのに、半年近く乾パンを食べ続けた人は恐らくいないでしょう。あれはなんで氷砂糖が入っているか、皆さんわかりますか？　乾パンって食べているとめちゃくちゃ口が乾燥してくるんですよね。なので、唾液が大量に分泌される氷砂糖の存在がとてもありがたいのです。氷砂糖に当たるとクジに当たった気分で嬉しくなります。そのうちそれでも味に飽きすぎて耐えられなくなってきたので、スープに入れてふやかすと、とても美味しく食べられるという発見にたどり着きました。これでいざという時も大丈夫だなと、変な自信が付きました。金融的には完全な大災害だったので、当時の思い出は今も鮮明に思い出せます。資産残高だけでなく実体験ともリンクしたコジ活は、とても辛かったですがやってよかったなと思っています。

「御発注」と名を変えて

資産残高が上昇傾向を取り戻した矢先……

ライブドア・ショックとリーマン・ショックは、いわば、外部環境に由来する「未知のリスク」が現実化した事態でした。自分ではどうしようもない変化への対処を余儀なくされた格好です。ただ、それらの対処が落ち着いた忘れもしない２０１０年７月12日。これはその真逆、自分で防げたはずの「未知のリスク」が現実のものとなった出来事でした。

この日――零時を回った夜、私は「三光マーケティングフーズ」という銘柄に５株、成り行きでの買い注文を出しました。これは信用買いでした。

株の売買は、自分が持っている資産で直に行うこともできますが、証券会社からお金や株式を借りることで「信用買い」「信用売り」を行うこともできます。

信用買いとは、証券会社からお金を借りて株を購入する方法で、少ない資産で大きな金額の取引が可能です（レバレッジ効果）。株価が上昇すれば、投資金額以上の利益を得られるため、その売却益から借金を返済することで、大きく儲けることができます。ただし、株価が下落すると損失も大きくなるため、そこはリスクとなります。

「信用売り」とは、証券会社から株を借り、それを売った後で買い戻し、その株を証券会社に返す、という方法です。「株価が下落する」という局面で借りた株を売り、株価が下がった後で買い戻せば、その差額が利益となるわけです。ただし、予想に反して株価が上昇すると、値上がりした株を買い戻す必要があるため、損失が発生するというリスクがあります。どちらの場合も、証拠金（担保）を預けて取引を行い、借りた資金や株式には返済期限があります（最長で6カ月）。もし損失が発生した場合、証券会社への借金が増えた状態になるため、証拠金（担保）を追加で投じなければなりません。これが「追証」です。株価の値上がり／値下がりを読み間違えると、大きな追証が発生することがあり、取引には注意が必要です。

当時、私はそんな信用取引に手を染めていました。といっても、私の場合、レバレッジ効果による大きな儲けを狙ってのことではありません。信用買いでは、買い注文をした後で、その株を買い取る（現引き）ことにすると、取引の手数料が安く済むのです。あくまでの節約術（コジ活）の一環として、信用取引を利用していたのでした。

5株のはずが500株の買いだった！

こうして私は、三光マーケティングフーズの株に5株、成り行きで「買い」の注文をしたわけです。なぜ5株かといえば、それが優待を最も多くもらえる株数だったから。あくまで慎ましい動機だったわけですが、翌朝になると事態は急変を迎えていました。

夜に買い注文をしたはずの5株が、朝、証券口座にログインしてチェックしても、まだ買えていなかったのです。その時は、さして気にも留めずやり過ごしたのですが、出勤して10時頃にもう一度チェックすると、株価が前日の終値7万7200円から、8万4700円まで一気に値上がりしていました。＋9・7％の上昇です。

最初は値上がりに喜んでいたのですが、「おかしい」と口座管理画面を見た私は血の気が引きました。見慣れない画面、平たく言えば「このままだと追証が発生する可能性があります」という記載が目立つように表示されていたのです。

状況が呑み込めず、画面のバグかと思う私。しかし、信用評価損益はマイナス274万3214円（たしか）と表示されています。あまりに見慣れない表示、金額に冷や汗が出ました。そこで自分が購入した株数を確認すると、なんと「500株」。5株の信用買いをしたつもりが、100倍もの成り行き注文を出していたのです。

通常の売買であれば、「残高が足りませんでした」で取引ができずに終わるところですが、これは信用買いです。証券会社に借金をして500株を買ったことになるわけです。

その額、実に4235万円。当時の運用額を大きく上回る、信用全力誤発注でした。

わかってとったリスクが顕在化したというなら、まだ納得できますが、節約目的で行った信用取引でこの状況は到底呑めるものではありません。

やってしまった――。

状況がわかってくると、次第に怒りがこみ上げました。会社のトイレに駆け込み、顔を2発、3発と思いきり殴りました。このままではマズい。とにかく売らなければという思いでなんとか損失を200万円程度に抑えることができたのは、まんがの通りです。

とにかく「二次被害」を最小限にする

私は「やらかし」を理解した時、会社のトイレで自分の顔を思いきり殴りました。単純にとんでもないミスをした自分自身に対して腹立たしい思いからの行為でしたが、結果的には、2つの意味がある大事な行動だったと思います。

1つ目は、自分のミスで大きな損失を出してしまったという大きなショックを、それを上回る物理的な痛みで上書きすること。コントロールできない痛みを覆い隠すには、コントロールできるさらなる痛みを自ら与えること。これは麻酔なしで虫歯治療をしたときに学んだことでもありました。こうして動揺する自分を無理矢理コントロール下に置き、完全ではないながら、冷静さを取り戻すことができたのです。

2つ目は、失敗について、「ああすればよかった」とか「こうしておけばよかった」という後悔や反省に心を奪われるのではなく、「今は何をするべきか」「次にどうすべきか」を考え行動に移すために、心を切り替えるきっかけになったこと。ミスやトラブルの場面では、とにかく事態を緩和するための行動が第一です。後悔や反省、IRへの苦情の電話などは、落ち着いたときにいくらでも行えるわけで、決して「今」ではありません。

　このように2つの意味で、自分自身の心を制御することができたおかげで、なんとか被害を最小限に抑え、次の投資につなげることができたのだと思います。ただ、私は別に、皆さんにも投資でミスをしたら自分の顔を殴れ、と言っているのではありません。何か問題が発生した時に大事なのは、まず冷静になること。それを心に留めておいてほしいと思います。もちろん、その一手として私のようにすることを止めるものではありませんが。

　思えばリーマン・ショックの急落で元本割れし、冷静さを失った時も、事態が好転したのは「自分が信じられる方法を忠実に繰り返そう」と思い直すことができてからだったような気がします。

「狼狽《ろうばい》売り」といった言葉があるように、株価が急落すると、多くの投資家は慌てて売りに走ってしまうものですが、そういう事態に直面したとき、一番よくない行動がこれです。まずは冷静に自分の資産、そして心は持ちこたえられるかを確認するべきだと思います。その上で、売買をするのかしないのか、するとしたらどのような売買をするのか。銀行口座から資金を移して新規に買うのか、それとも急落銘柄を売って値持ちのいい銘柄に乗り換えるのか、あるいはその逆の取引をするのかなど、様々な対応が考えられます。もちろん、そのようなシミュレーションを事前に行っておくことは、とても役に立ちます。地震の避難訓練と同じです。

余談ですが、三光マーケティングフーズは、あらかた損切りした後にＩＲに電話して、売買単位は１００株の会社が多いから変更してほしいという苦情の電話と、ついでに株の残りを持っていても問題ないか確認するため、業績について詳しく聞きました。

もうこんな悲劇を繰り返さないために

知識や経験を増やすことで「未知のリスク」を減らしていくことも、投資家としては大切な日頃の活動だと思います。そうすれば少なくとも、パニックに陥り、冷静さを欠いた対応をしてしまう可能性を減らすことができます。株式投資の初心者は、含み損を抱えただけで、すぐに冷静さを失ってしまうものです。そういう辛い未知の経験をたくさんしながら、どう行動し、どう対処すればよいかを徐々に学んでいき、ベテラン領域に入っていくわけですが、学ぶ速度は速いに越したことはないでしょう。例えば、他の投資家の失敗談を聴く機会があるならば、それはとても貴重な知識であり、リスク対策になります。といっても、沽券《こけん》に関わるせいか、喜んで自分の失敗を語ってくれる投資家は、残念ながら、

ブログ「祭神《さいしん》　三光《みつひかりの》御《ご》発注神社《はっちゅうじんじゃ》」

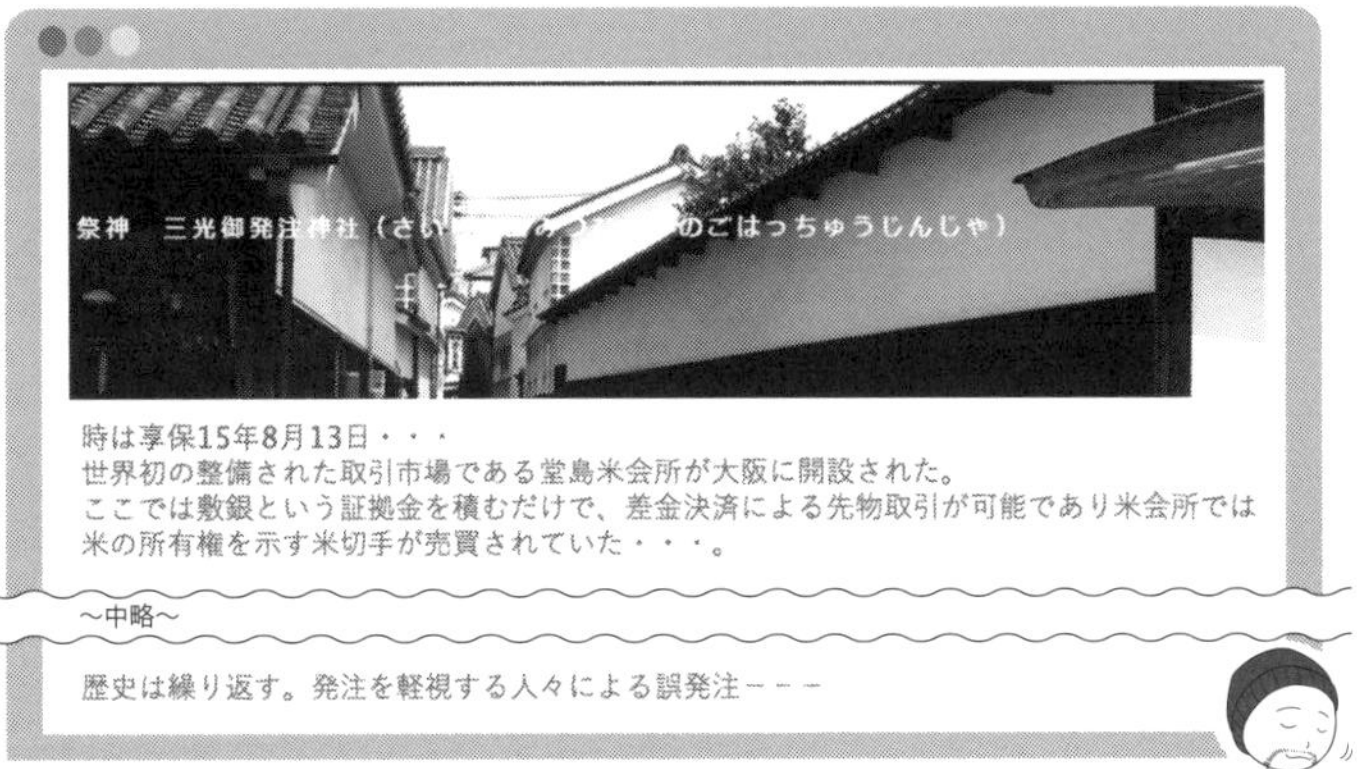
祭神　三光御発注神社（さい
のごはっちゅうじんじゃ）
時は享保15年8月13日・・・
世界初の整備された取引市場である堂島米会所が大阪に開設された。
ここでは敷銀という証拠金を積むだけで、差金決済による先物取引が可能であり米会所では
米の所有権を示す米切手が売買されていた・・・。
～中略～
歴史は繰り返す。発注を軽視する人々による誤発注－－－

この過ちを後世に伝えるべく、ブログを開設。使命を終えた2015年1月4日の記事を最後に更新を停止。

なかなかいないのですが……。聞く側も、「どうすれば儲かるか」という話ばかりを聞きたがるので、なかなか「未知のリスク」についての知識・経験を共有する機会には恵まれにくいのが現実です。

投資で大きく資産を減らしてしまった人が、もう投資はこりごりだとやめてしまうのも何度も見てきましたが、それは本当にもったいないことです。だって、身をもって貴重な経験を積んだのに、その経験ごとドブに捨ててしまうわけですから。

せめて、失った資産を支払った勉強代として取り返さないと、２つの機会で損したことになると思います。

ハンドルネーム「御発注」に込められた願い

私は自らの大失態を経て、このような誤発注がこの世から根絶されるようにとの願いを込め、ネット上に「三光《さんこう》御《ご》発注《はっちゅう》神社《じんじゃ》」というブログサイトを立ち上げました。しかし、いまだに誤発注という悲しき事態はこの世からの根絶に至っていません。人類から誤発注がなくなることを切に願っています。

ここまでお読みになった方は、「リスクは少ない、もしくはないほうがいい」と考えるかもしれません。かく言う私も、リーマン・ショック以前は、割安銘柄を数単元ずつ25社ほどに分散してポートフォリオを組んでいました。そうすれば個別株の予測不能な不祥事や下方修正による株価の下落があっても資産全体は大きく減りにくくなり、リスクも減っていきます。元手となる大事な資産を減らさないようにすることは、最重要事項の1つでもあるからです。

しかし、その反面、このような分散投資では、結局得られるリターンが日経平均などの指数に近づきます。どんなに好調な相場でも日経平均は1年で2倍、3倍にはならないのに、リーマン・ショックのような急落時には大きく減ることもある。それなら集中投資を

分散投資でリスクは抑えられるが…

リスクは抑えられるが、

運用成績は日経平均などの
指標の成長に近づいていく
→
集中投資で2倍、3倍を
狙ったほうがいい!?

して2倍、3倍を狙ったほうがいいと考えるようになりました。実際、株式投資で資産を築いた人を見ても、少数の銘柄に集中投資してきた人が多いように思います。

作家であり投資家だったマックス・ギュンターという人が書いた名著『マネーの公理　スイスの銀行家に学ぶ儲けのルール』(日経BP社)という本では、リスクについてこのように書かれています。

「心配は病気ではなく健康の証である。もし心配なことがないなら、十分なリスクを取っていないということだ。」

つまり、投資においては、リスクを感じている状態こそ健全であるということです。投資とは、自分が許容できる範囲のリスクを取りながら続けるものであり、もし「リスクを感じたくない」「リスクをゼロにしたい」と本気で思うなら、投資をやるべきではありません(もっとも、インフレ時代に突入し、「貯金こそリスク」という状況になっているわけですが……。このことについては、第5章で触れてみます)。

この本ではまた、「いつも意味のある勝負に出ること」と「分散投資の誘惑に負けないこと」の2つが大切であるとも書かれています。

この考えに基づいた私のポートフォリオ戦略については第4章で書いています。

コジ活愛好家の人は現金を失うことを恐れる人が多く、私もそういう保守的傾向のタイプなのですが、投資に向いているのは適切なリスクをテイクできるタイプです。リスクを恐れすぎると、現金の100円は取りにいけても期待値の120円は取りにいけなくなるのです。ここが私のようなコジ活系投資家と、投資に向いている真の投資家の大きな壁だと感じています。

あなたのコジ活度をチェック！

コジ活でお金を貯めることに、
あなたはどれだけ向いているだろうか？
素直な気持ちで、当てはまる項目の数を確認しよう。

- □ 携帯電話のキャリアはあまり乗り換えない
- □ ペットボトルの水を買うことがある
- □ 昼食で500円以上使うことがある
- □ 1駅のために地下鉄やバスに乗ることがある
- □ タイパのために1メーターの距離でもタクシーに乗るのはアリ
- □ 旅行で新幹線に乗ったことがある
- □ 家電は家電量販店で買う
- □ デートでは男性が奢るべきだ
- □ 二次会に参加することがある
- □ 風邪で病院に行くことがある
- □ 欲しい服を定価で買うことがある
- □ 断捨離をしたことがある
- □ 健康のために格安ジムに通っている
- □ 1000円くらいの消費なら「まあいいか」になる
- □ 資産形成に成功したらFIREしたい
- □ 本は定価で買っている

←次ページで解説！

結果はどうだった？

コジ活を極めたい人は、1つでも当てはまる項目があったら、
直ちに悔い改めること。5つ以上も当てはまる人は、
コジ活に向いていないかも。
10項目以上当てはまる人はもう、コジ活は忘れましょう。

〔解説〕

携帯電話のキャリアはあまり乗り換えない	毎年乗り換えてポイント還元を得なくてどうする！　それだけで通信費は相当抑えられるぞ。
ペットボトルの水を買うことがある	水を当たり前に買っている人はコジ活の才、薄し。ほとんど無料で飲めるのに、わざわざ買う意味がわからない。
昼食で500円以上使うことがある	贅沢すぎ！　格安食材で自炊＆弁当が基本。社員食堂の場合も200円を超えたらきちんと躊躇すること！
1駅のために地下鉄やバスに乗ることがある	なんてもったいない！　歩け！
タイパのために1メーターの距離でもタクシーに乗るはアリ	なんてもったいない！　歩け！　タクシーという存在を認知してはいけません。もし乗ってしまったら体調が悪くなりますよ！
旅行で新幹線に乗ったことがある	シンカンセン……？　マインドは江戸時代にするべきなのです。江戸時代にシンカンセンなんてものはないですよね？
家電は家電量販店で買う	意味不明。知り合いから無料or格安で譲り受けよう。
デートでは男性が奢るべきだ	公園で弁当、または株主優待で楽しく過ごせる相手を探すべし。あなたが女性なら、その心意気はよし。
二次会に参加することがある	もし行くなら、積極的に幹事をやりましょう。ホットペッパー、クレカのポイントゲットだぜ！　会社の行事で上司や会社の奢りなら、とことん飲み食いするべし。
風邪で病院に行くことがある	「病院だあ？　寝てりゃ治るんだよ！」と自分に言い聞かせ、なるべく通院の頻度を減らすこと。どうしてもキツいときだけお世話になろう。免疫を甘やかすな！
欲しい服を定価で買うことがある	そもそも服は買うものではないが、セールに限りギリギリセーフ。その服はとことん着倒すこと。破れたら縫えばいい。
断捨離をしたことがある	ものを安易に捨てるのはよくない。手直しして使えないか、中古で売れないか……よく検討しよう。
健康のために格安ジムに通っている	贅沢すぎ。身体を鍛えるだけなら、無料でできることがたくさんある。移動の基本を徒歩と自転車にするだけで、かなりの健康増進に。最後に、筋トレは家で懸垂腕立て伏せで充分
1000円くらいの消費なら「まあいいか」になる	甘い！　甘すぎる！　「100円を超えたら高い」と感じるように、自分を見つめ直そう。
資産形成に成功したらFIREしたい	あなたは会社のありがたさをまだ理解していない。第5章を参照せよ。
本は定価で買っている	え？　この本を定価で買ってしまった？　もちろんブックオ……おっと誰か来たようだ。

※多くは20代で尖っていた頃の著者の思想に基づきます。40代になった今は、大分丸くなっていますので、ご注意ください。アドバイスを参考にした行動で何かあっても、一切責任は負いません。すべては自己責任で。

第3章

資産1億円達成！結果が出る時間投資術

――投資家として自分を育てる

3コジ目 大台に到達！

2013年4月18日
株投資を始めてから11年
計算完了！
タッ！
御発注はついにこの日を迎えていた
――資産1億円を達成っ～！
ばんざーい！ ついに1億円を突破したヨォ！
おめでとう！
やった～
しめて1億12万6954円！
パチパチ
よしやった！
資産内訳：
投資資金：75,633,099円
FX：493,119円
優待株：15,209,046円
非上場株式：2,875,200円
従業員持ち株会：3,416,490円
現預金：2,500,000円
100,126,954円

神様ありがとう！
苦節11年節約に節約を重ねついに達成しました！
おめでとうございます！
それでは放送席～ヒーローインタビューです！
投入した資金はいかほどに？
3478万円ほどですかね
コジ活一筋でつぎ込みました！
投入額は
11年で割ると毎年316万円になりますね！
ええ！
年収は手取りで400万円くらいのサラリーマンですから…

まさに8割を株投資に注ぎ込んだ結果というわけですね！
316万 →投資
400万
家賃
食費
医療費
水道光熱費
通信費
→生活費
収入から8割投資はすごいですね！
年平均にするとリターンは14・87％です！
年平均リターン
14.87%
株式投資の平均利回りとしてこれもすごい！
私自身投資家として才能があるとは思っていませんし
自慢できる運用成績ではないかもしれませんが…
ぐ
すっ
いろいろありましたね
はい…
誤発注事件やリーマン・ショックで相場が下がったときの苦悩を思い出すなぁ…

ええ…ただ1つ言えることは
とにかく折れない心で給料を株式投資に注ぎ続ける！
それだけで
誰でもひと財産を築くことは可能だということです！
皆さんにもコジ活をオススメします！
ありがとうございました
――そんな御発注のコジ活ライフにもパートナーがいた…
エイベックス株主優待ライブ

いつも温かいご支援をありがとうございます～！
わー
株主優待で行くライブは最高だナァ
どうだったヨォ？
ええサイコーだったタダなのがうれしー！
お！
タダが最高で嬉しいかぁ…
なんてステキでわかってる女性なんだ！
次は映画でも行こうか
それはモチロン？
優待で！
株主優待券
株主優待券

うん！お腹すいたな
よし、ファミレスで飯でも食うかァ
優待で！
株主優待券
株主優待券
彼女こそ…後に結婚相手となる
コジ美である
どど
コジ美はねェ
節約については自分よりも厳しいヨォ！
ペッ
おいおいまだ相場見てるのに～
節約節約！今月あなた勝ってないでしょ～
電気代使う資格ないわぁ～
ひぃぃっ

宿泊のある
デート旅行でも
1泊2人で
5000円の
コテージ？
う、うん
どうかな？
安すぎるかな…
サイコー！！
安くてより
楽しめるわぁあ！
ぱぁあぁあ
コジ美が
一緒になって
くれてよかった！
似たもの同士でないと
コジ活投資は
続けられなかった
だろうからねェ…
ただし
御発注の株式投資の
戦略思考は
節約術だけではない
良い人間関係
お金
整理整頓
健康
技術
知識と経験
習慣
人生哲学として
良い人間関係・知識と経験・
お金・技術・健康・整理整頓の
充実には重きを置いている

自由を手にするために投資をやっているわけだから
人生でもっとも優先順位が高いものは
FREE
TIME
自由と時間！
彼のリソース（時間やエネルギー）投入と
シナジー（2つ以上のものなどが、相互に作用し合い、1つの効果や機能を高めること）の生み出し方
↓
人生が自由になるための考え方
だけど勘違いしている人多いんだナァ
タクシー！
駅まで！
○○駅
バ〜
コスパ悪！
歩いてすぐじゃん！もったいないっ！
ミートゥ！
ここに錯誤やブレがないことが彼の強みといえるのかもしれない
その極みに彼が発見した画期的なものといえば——

人間は料理を通して五種類の味を楽しむという甘味・苦味・酸味・塩味
そして「うま味」である
「うま味」は日本人化学者が発見した「第五の味覚」とも呼ばれ
特に日本人は「うま味」について繊細な舌を持っているという
池田菊苗博士
1908年(明治41年)、グルタミン酸を「うま味」成分として世界初の発見
うまい!
大将、この出汁これぞうま味!絶品だねぇ!
フッ わかってないお人だねェ
なんだお前は!
見ない顔だな
僕ねェ発見してしまったんですヨォ
第六の味を!
こやつ…できる!本物の食通か?
お客さん…
その第六の味とやらぜひ聞かせてくだせえ!

それを味わえるのは
年に2回の
行きつけの店
なんだな
リンガーハット
R
長崎ちゃんぽん
いらっしゃい
ませ～
オレは
こういう
もんだが
食事ご優待券
ちゃんぽんと餃子
よろしくな！
うま～い！
料理は
相変わらずの
おいしさ！
それに加え
ぱ
あっ
激うま！
タダで食える
料理の味は格別っっ！
――彼はこれを
第六の味
「タダ味」と呼ぶ
第六の味
無料の飯は
コクが違う！
私のように
「タダ味」がわかる
そこのあなた！
コジ活を極める
才能アリです！
食通とは…

そんな彼は結婚にあたり大きな出費の必要性に直面したとき――
家➡ン千万？
家電➡ン十万？
車➡ン百万？
うおお…
金額がデカすぎる～
なんとかしなければ…
先輩！
おう、なんだ
その車来月車検ですよね
ああ、でももう大分乗ったから
今回は車検のタイミングで買い替えだな
な、なんだ？
そのキラキラ顔はっ

先輩！ この車
売ってくださいっ！
は？
車検に出す
おれの車を？
はい！
買い替え
するんですよね
お前…車くらい
店でちゃんと買えよ
ディーラーの
下取りよりは
高く買いますんで
ね、いいでしょ
先輩っ！
このくらいで
いかがっすか
俺に声を
かけてきたが
まさかお前…
車検で買い換え
そうな人をねらって…
ええ！
会社の駐車場にある
車の車検の時期は
全部メモしてますよ
はああ!?

って先輩、下取りより高く買うんだから悪い話じゃないでしょ？
あ……まあ…な
では早速ご商談を…このくらいで
彼はこの方法で2台の車を手に入れている
車はとりあえず走ればよしっ！
彼のコジ活は続く
3月――それは人事異動の季節
出世する先輩がいると噂を聞くやいなや…
先輩っ4月から××支社に異動ですね！
フフッそうなんだよ

まあな
引っ越しは面倒だが
昇進だからなぁ
向こうで
頑張るよ!
は
は
は
うる
うる
お、なんだ
そのウルウルした
目は…
もしかして
俺の昇進が
そんなに嬉しい…
いや!
職場が変わるのが
寂しいと…
じ〜ん
そうかぁ
――ください
キュッ
え?
――ください
行かないで
ください…だと?
こ、こいつ
そこまで
俺のことを…

先輩 ください
家電 ください！
へ？
家電ですよっ！ 置いていくのがあれば くださいヨォ！
家電かよ！
お前の 目的はぁ！
ほら、新生活は 新しい家電のほうが 気持ちいい じゃないですか
新品
今時 下取りや 中古屋に売っても 二束三文ですよっ
新品
新品
可愛い後輩に お願いします！
申し遅れ ましたっ！
ご栄転 おめでとう ございます！

オレ今度結婚します！
憧れのチン！
よ〜あ〜あ〜
新妻と一緒に電子レンジであっためた半額の惣菜を食べるのが夢だったんですヨォ！
結婚か！
使い古しで悪いけどレンジあげるよ
そ、そうだったんだ…おめでとうな
ご祝儀ありがとうございます！
ついでというか…
冷蔵庫とテレビもください！
洗濯機も
掃除機も
ドライヤーも
…も
いいけど…
何も持ってなかったんだなお前…
彼はこうしてひたすらもらいもので夫婦の新居の家電を揃えた
——新居といえば…

お義父さん
お義母さん
今日からお世話になりま～す！
…聞いてないぞ
しっかり親孝行させていただきます！
ま
面白そうだからいいか
おけ！
妻の実家にちゃっかりと転がり込み
住宅費をタダにすることに成功
こうして夫婦揃ってのコジ活が始まった
★コジ活まとめ
～投資の『あした』のための5ポイント
家電＝タダ
車＝格安
住宅費＝タダ
食費＝優待券
娯楽費＝優待券

やがて2人は2児をもうける
よ～し！1億円なんぞで満足してられないヨォ！
こいつらのために何倍も稼がないと！
うぉ～
とは思ったものの…
稼げー
あそぼー
あそぼ～
ひ～～
──御発注が「人生でもっとも時間がなかった」という30代の始まりであった

「億」を超えて見えたもの

給料に手を付けない生活からの大台

投資を始めて11年、２０１３年４月に私は資産残高１億円を突破することができました。実はそのちょうど１年ほど前、２０１２年４月からは、給料にまったく手を付けず、生活のすべてを株式投資による収益と優待で賄うというチャレンジに入っていました。

大学時代からの付き合いだった妻と結婚したのは２００８年ですから、その４年ほど前です。「社宅かお互いの実家以外には住まない。それでよければ結婚してほしい」とプロポーズしてＯＫをもらいました。僕のコジ活を側で見ていてよしとしてくれた彼女は、タイプは違えど私と同じくらいの節約家です。彼女は株式投資はやらないのですが、お金の使い方（使わないこと）についての価値観が非常に近いので、一緒に行動していてストレスを感じることがほとんどありません。

こうして私は、給料の10割を貯金に回す生活に入り、証券口座の残高をひたすら増やすことに注力。給料はまるまる使えるようになった状態ですが、その振込先を普段、ほとんど使っていなかった口座に指定することで、生活上は「ないもの」と見なしました。この先、専業投資家となっても問題なくやっていけるか確認するためです。株式投資に関する収入だけで生活しながら、資産を増やし、ついに1億円を突破することができたのです。

自分を高める活動の複利効果を意識する

資産形成（貯金）＝（収入ー支出）という話の中で、副業などで収入を増やすことができるならそれもよいと述べました。しかし、副業で収入を増やすというのは、簡単なようで、意外とクセ者です。例えば副業として転売ヤーをやるとしても、購入から決済確認、配送からクレーム対応と、しなければならないことが多岐にわたり、かなりの時間をとられてしまいます。私は最終的に働きたくないということを動機に考えを巡らせているのに、これでは前より忙しくなってしまいます。アテが外れて意外と実入りが少なかったり、買い手との交渉に時間がとられたりといったリスクやストレスを私はとりたくはありませんでした。

時間は有限ですから、「何を得るために時間を使うのか」には、十分に気をつける必要があります。では、どのような考えに行き着いたのか。

それが左ページに示した図です。この図では、私が時間というリソースの投資先として意義のある活動を整理しています。どんなお金持ちでも、時間は1日24時間です。その時間をどこに振り分け、効率よく使って、メリットを得るにはどうしたらよいか。これは私の重要な考え方の1つでもあります。

この考え方も年を追うごとに進化しているのですが、今の最終形としては、「良い人間関係」「知識と経験」「お金」「技術」「健康」「整理整頓」の6つの領域の活動には意義があると考え、積極的に時間とエネルギーを配分するようにしています。

これらの活動を習慣化すると、シナジー効果を実感できます。例えば、お金について学びながら、実際の投資活動をする。このとき、よい投資仲間と出会えれば、交流をしながら知識を深め、友情も育みながら、運用成績の向上も期待できますね。健康を意識した生活により、さまざまな活動の質は自然と高まっていきます。いわば、これらの領域の活動

何に時間を投入するか？（複利）

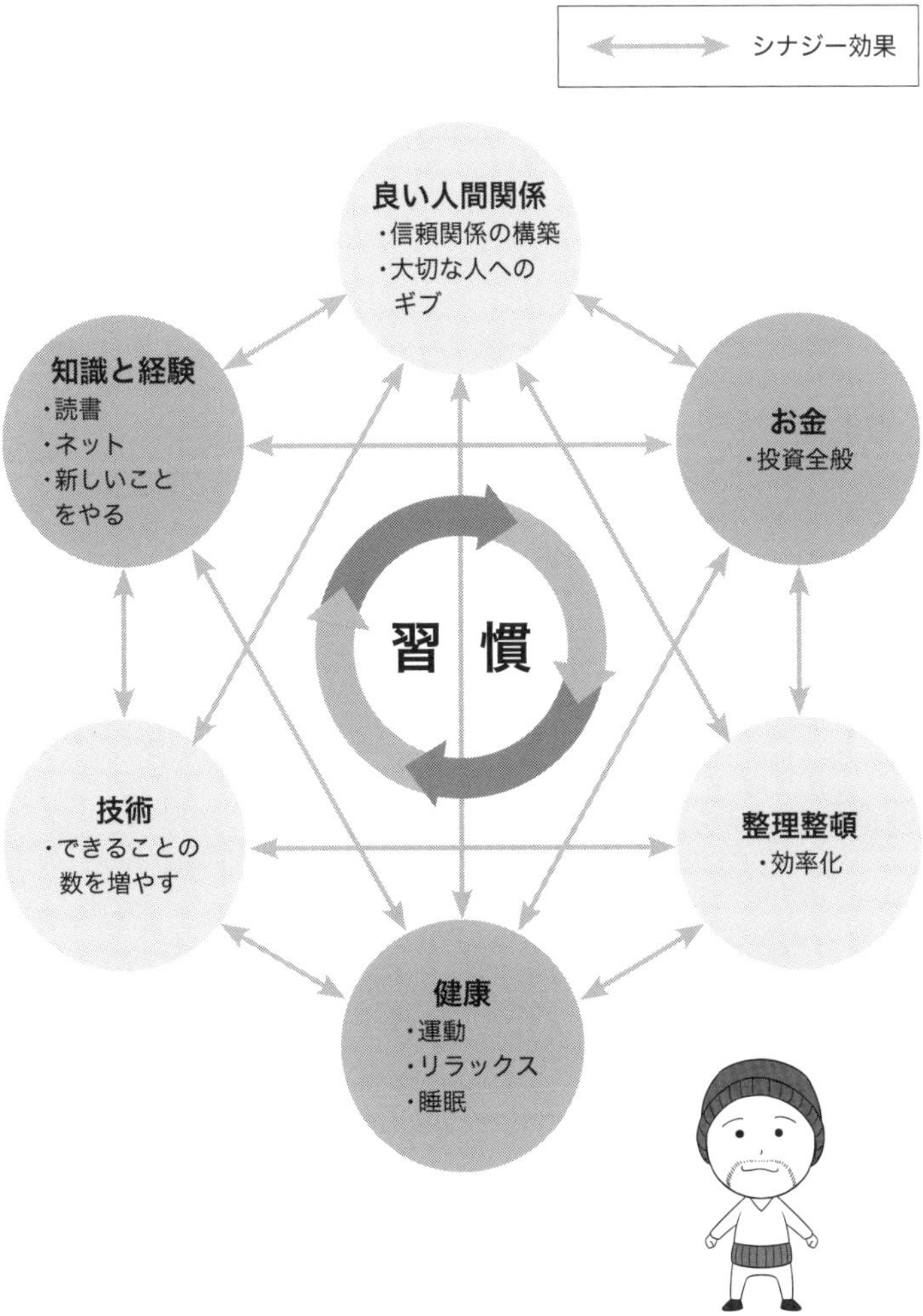

何に時間を投入するか？（単利）

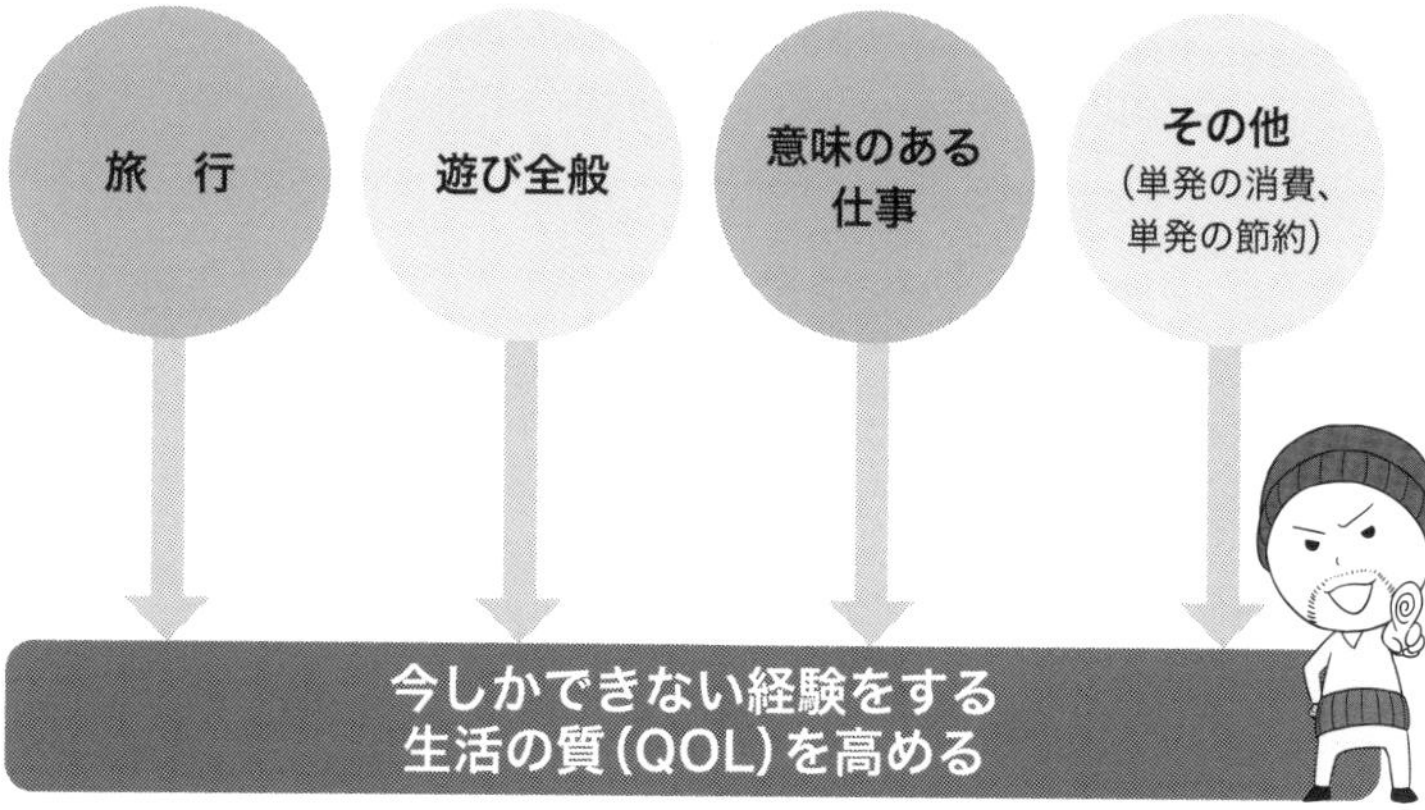

には、「複利」の効果があるわけです。

単利の活動も楽しんでいい

もちろん、人生の質（クオリティ・オブ・ライフ：ＱＯＬ）を高める活動は、これらに限りません。旅行に行ったり、欲しいものを買うなどして、今しかできない経験をすることも、人生にとって重要だと思うなら、積極的に行うべきでしょう。

これらはいわば、その活動自体の喜びを味わうことがゴールとなっている点で、単利の活動と見ることができます（上図）。「単利だから悪い」ということではなく、そういう性質である、と理解しておくことが大事でしょう。例えば、好きな俳優が出ている映画を一人で観にいけば、それは単利の経験でしょう。しかし、それで自分が幸せを感じることができるなら、封印する必要はないと思います。それより警戒すべきなのは、マイナスの複利効果を持った活動です。

次ページの図を見てください。先ほど見た時間の投入先の図と似ていますが、こちらはそれぞれ「悪い人間関係」「質の悪い信仰」「習慣化された浪費」「質の悪いブラック労働」「中毒系全般」となっています。このように、人間関係、知識と経験、お金……に関する活動が質の悪い内容で繰り返され、習慣化してしまうと、マイナスのシナジーが発生し、人生の質はどんどん悪いものとなっていってしまいます。

例えば、ストレスの多い嫌な職場に勤めていて、ストレスを紛らわすために煙草を盛んに吸ったり、泥酔するまで酒を飲んだり、その際、飲み仲間と「政府の陰謀が……」などの話で盛り上がったりしている人は、結構たくさんいるのではないかと思います。そこから憂さ晴らしに手を出したギャンブルに溺れ、悪い仲間ができてつるむ中で、「儲け話がある」なんて、おかしなビジネスに手を出したり、詐欺まがいの商品を買わされたり、といったかたちで悪いシナジー（マイナスの複利）にハマってしまうわけです。

「自分は今、何に時間を使っているのか」を意識することは、とても重要なのだと、知っ

何に時間を投入するか？（マイナスの複利）

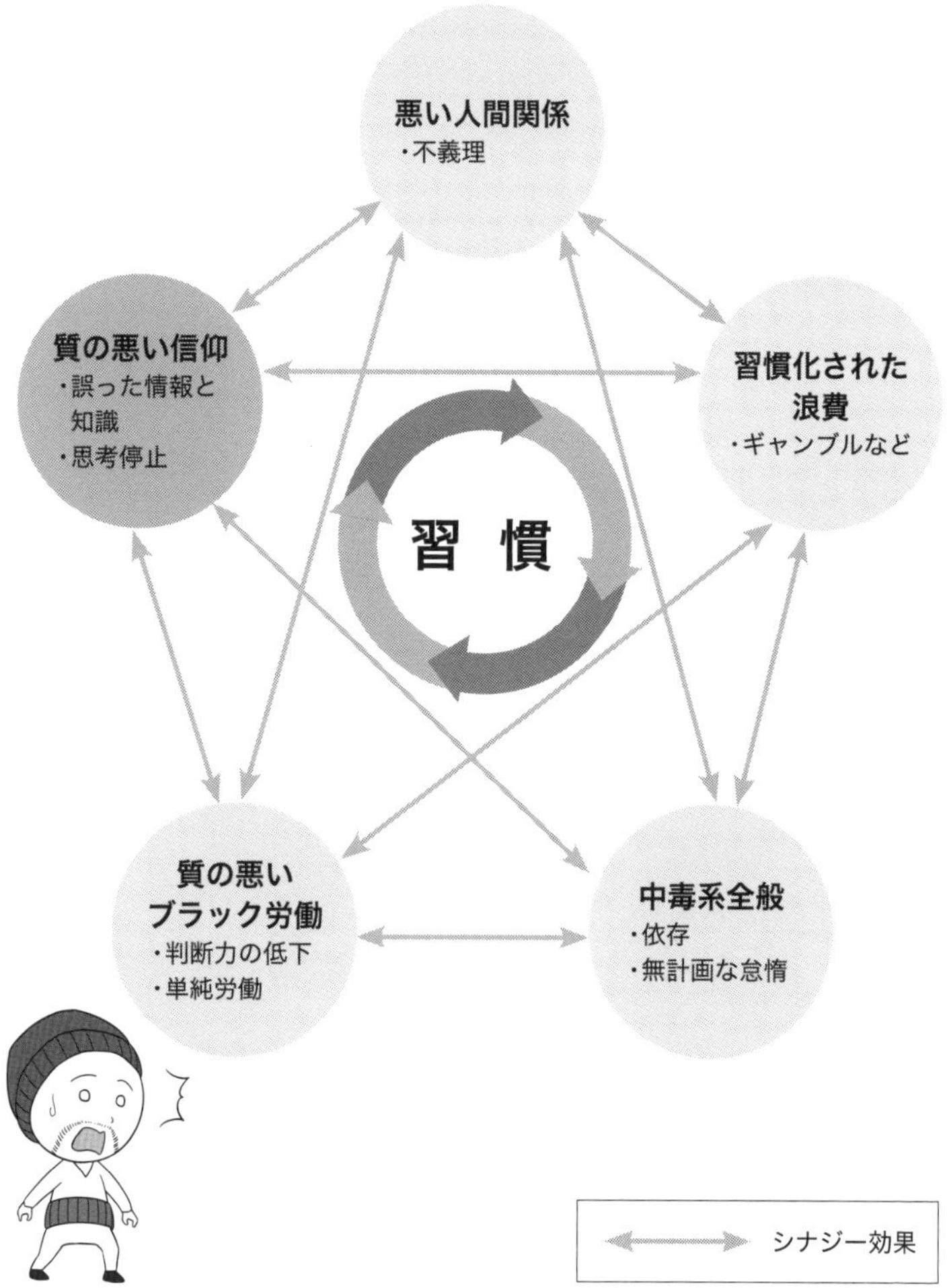

ておいてほしいと思います。

行動選択の積み重ねは強固な自己資本となる

よい時間の使い方をしたからといって、明日すぐに効果が出るということはありません。その点、単利の楽しみは、「旅行を満喫する」といったものであれば、その場でメリットを実感することができますが、複利効果を期待して行う活動は、積み重ねこそが重要であり、何年も続けて初めて財産として実感できるものといえます。「時間」を味方に付けるべし、という点では、資産形成の考えとまったく同じといってよいでしょう。

それはいわば、強固な自己資本を少しずつ蓄積していくことにほかなりません。一人の人間として積み重ねた自己資本は、必ずや人生に実りをもたらしてくれるはずです。

このように、私は全体的な時間の使い方を投資戦略という視点で整理して考えているわけですが、それぞれの活動に相関関係を生み出したいというとき、「どこから手を付けたらいいの？」と思う人もいるかもしれませんね。答えは、「どこからでも構わない」になりますが、あえて「手がかりが欲しい」という人がいたら、まずは119ページ図における左側の「知

自己資本を強化する

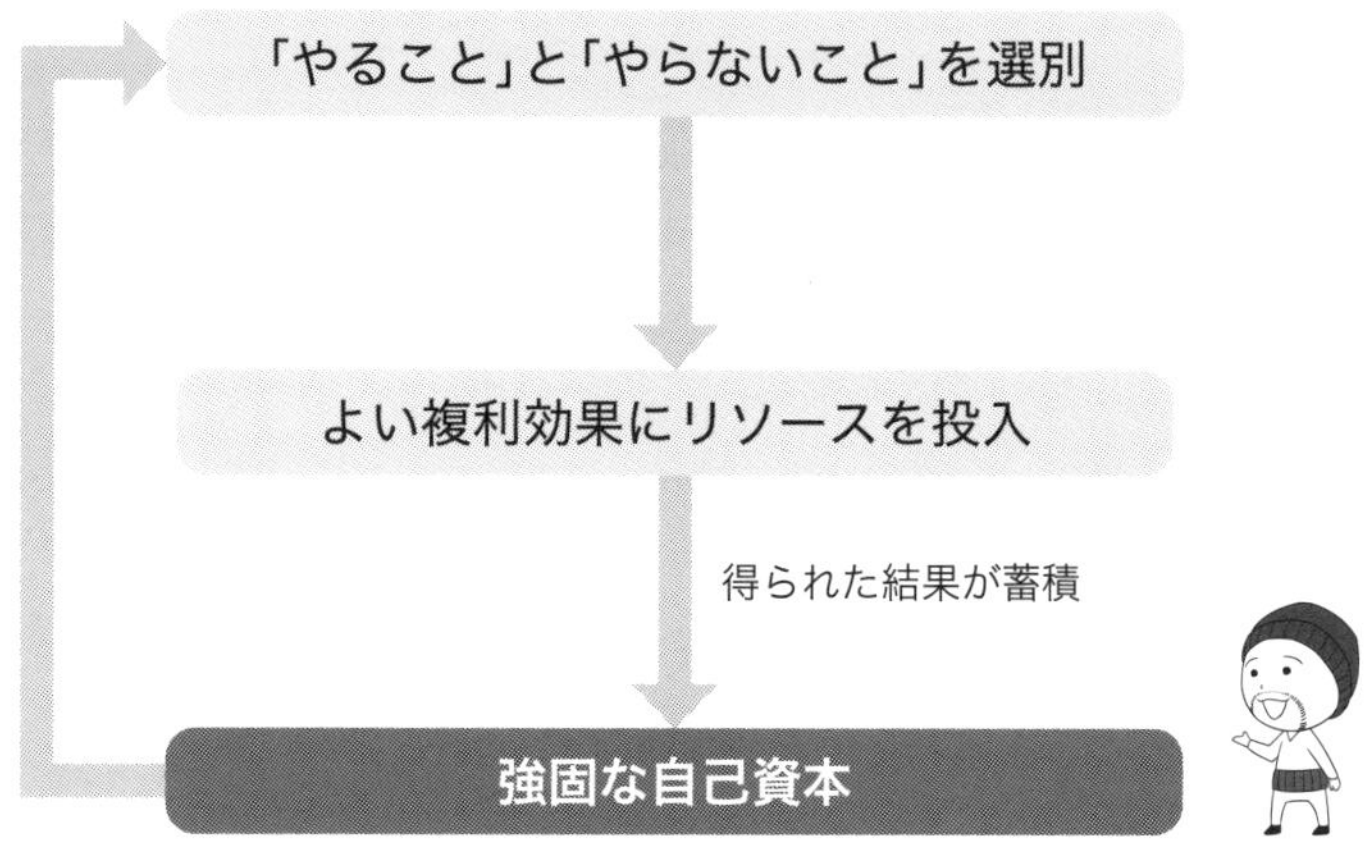

識と経験」「技術」の領域に注目し、時間を効率的に使うタスク管理の方法や投資に関する手法や考え方を学び、実践を始めるところから着手するのがよいのかな、と思います。

知識として学んだことを実際に試して自らの技術とし、相場経験を積みながら投資仲間を増やして人脈を広げ、時間をかけて資産規模を膨らませていく。最終的には余裕のできた資産や時間を使い、健康増進にもつなげていく。さらにこれらの各項目がそれぞれに関連しあい、相乗効果を生んでいく。このような形が私の理想像です。

なぜ私が組み合わせにこだわるのかを説明しますと、何か1つだけで価値を発揮しようとすると、とてつもない労力が必要になるからです。

例えば、野球なら大谷翔平と甲子園出場選手、勉強なら東京大学とGMARCHレベル、投資家だったら100億円トレーダーと1億円トレーダーなど、本物のトップと少し結果を出した人の間には、人生を捧げるだけでは足りず才能まで必要という、とんでもない差があるのです。もちろん輝かしいに越したことはありませんが、甲子園出場×GMARCHレベルの大学×1億円トレーダーの組み合わせでも、恐らくオンリーワンに近い存在になれますよね。人生というフィールドでは、自分の頑張ればなんとかなるレベルを上手く組み合わせれば、凡人であっても十分に価値を生み出すことが可能になるのです。

日常生活はもちろんのこと、デートや子育て、その他の良い人間関係を構築する上でも、株式投資はとても有効に使えます。誰かに気持ちばかりのお礼をしたいと思ったとき、現金は渡しづらいですが、飲食店の優待券や、1000円のQUOカードなら、意外に抵抗感なく受け渡しができます。本質的には1000円なのに受け取ってもらえるハードルが下がるこの現象に名前を付けたくなりますが、とにかくそのような使い方をすることで、株式投資は自分のためだけでなく、人間関係をより豊かにするツールともなりえるのです。自分のためにやったことが巡り巡ってみんなのためになる、自利利他の精神が身に付きます。

コジ活ライフを彩る銘柄たち

生活に役立つ優待あれこれ

ここで、具体的な銘柄を挙げながら、我が家の家族関係を良好にすることに貢献している、家族サービスになる優待例を見ていきましょう。

ワールド（3612）は、総合アパレル大手で「アンタイトル」などのブランドを持っています。ショッピングセンターや百貨店などに店舗で使える優待券がありますが、それ以外に同社が開催するファミリーセールの招待券も付いてきます。両親に服をプレゼントすることで、定期的な親孝行につながります。両親にプレゼントを贈る機会なんて普通なかなかないじゃないですか。優待券が届くことで、それを機械的に実行しつつ、感謝もされる。かしこまった感じもないので、あまり大げさにならず、渡しやすいし、受け取りやすい。こんないいことはありません。

次はU-NEXT HOLDINGS（9418）。なんといっても、この会社の動画配信サービスが我が家には欠かせません。息子と妻が「ブルーロック」というサッカー漫画にハマっていて、優待でもらえるポイントで購入しているほか、娘がアニメ、私もたまに映画などを見ます。どんなに株価が値上がりしても優待欲しさに売るに売れない状況です。

動画や掲示板の投稿監視やサポートを行っているイー・ガーディアン（6050）は、株主優待の定番、QUOカードをもらえます。コンビニや書店、ガソリンスタンドなどで使えて便利です。ちなみに私は普段、コンビニなんていう超高級店には決して行きません。どのお店でも割引にはならない本を買う時などに限って利用しています。

AB&Company（9251）は美容室「Agu.」を運営する会社です。シャンプーなどの自社オリジナル商品を販売するオンラインストアで使用可能な優待券がもらえます。これで妻と娘が使うシャンプーを買っています。ちなみに、自分はシャンプーを買うのがもったいなくて昔は石鹸で髪を洗っていました。最近は、PayPayの還元イベントなどでドラッグストアに行けば、激安でシャンプーが買えるのでそれを使っています。要は、なんでもいいんです。

コジ活が捗《はかど》る銘柄たち

銘柄名	コード	優待内容	ひとこと解説	コジ活度（家族の満足度）
ワールド	3612	自社グループの直営店舗、公式ECサイトで使用できる株主優待券を100株半年以上保有で1500円、3年以上保有で3000円を年2回（株数に応じて優待額増加あり）	両親に服をプレゼントすることで親孝行できる。ファミリーセール招待券も付く。	★★★★★
U-NEXT HD	9418	100株以上　90日の利用料とポイント1000円分 1000株以上　1年分の利用料と毎月ポイント1800円分	我が家には欠かせない。どんなに株価が値上がりしても優待欲しさに売るに売れない。	★★★★★
イー・ガーディアン	6050	100株以上を継続保有期間1年未満で5000円相当、1年以上で8000円相当のQUOカード	QUOカードがとにかくお得。	★★★★
AB&Company	9251	自社オリジナル商品（シャンプー等）を販売する自社公式オンラインストアで使用可能な優待券を100株以上で8000円相当を1枚、500株以上で3枚	嫁と娘用のシャンプー購入で家族円満。品質も良い	★★★★★
マンダム	4917	100株以上で自社商品詰め合わせ	自分用の洗顔料。歳を重ねると清潔感も大切に。	★★★
物語コーポレーション	3097	株主様ご優待電子カード（使い切り型）を100株以上で3500円相当1枚を年2回	「焼肉きんぐ」で焼肉を食べて子供たちも大満足	★★★★★
アダストリア	2685	日本国内のアダストリアグループ店舗にて利用可能な優待券を100株2年未満保有で3000円、2年以上保有で5000円（株数に応じて優待額増加あり）	優待としては多少利回り悪いが子供服を購入。	★★★
アルペン	3028	100株以上で2000円相当の優待券を年2回（株数に応じて優待額増加あり）	息子のサッカー用品に消える。	★★★★
日本マクドナルドHD	2702	バーガー類、サイドメニュー、ドリンクの商品お引換券が6枚ずつで1冊を100株1年以上保有で1冊を年2回（株数に応じて優待額増加あり）	子供たちのスマイルも無料で。	★★★★★

もらって嬉しい優待品

ただし、洗顔料などの優待をもらうために、マンダム（4917）は、保有しています。やはり、男子たるもの清潔感が大事ですからね（ここ、笑うところですよ）。

「焼肉きんぐ」を運営する物語コーポレーション（3097）は外せません。なんといってもここの食べ放題は、育ち盛りの子供たちも大満足で、家計も大助かりです。

「グローバルワーク」などのカジュアル衣料をショッピングセンターを中心に展開するアダストリア（2685）は、子供服を買うための優待です。

同じくアルペン(3028)は、サッカーをやっている息子のサッカー用品を買うための優待です。

最後は、外食産業の優待といえばここ、日本マクドナルドＨＤ（２７０２）です。優待で買うハンバーガーに子供たちはいつも大喜びです。ただ、自腹ではとても高いし、わざわざお金を出して、無料の味わいの深みをなくしてまで自腹で何かを買ったことは、一度もありません。

よい情報に触れるためにはよい交流を

株式投資はとても孤独な作業です。そこにはスポーツのアスリート選手にも通じる部分があるようにも思います。「値上がりしそう」「今買ったほうがいい」、逆に「やめておいたほうが」といった情報は、さまざまに飛び交っていますが、結局はすべて自己責任。自分が正しいと信じる道を選び、その結果をすべて自分で引き受ける覚悟が必要です。

ただ、相談できるコーチ役の人がいると一人で悩まなくて済むし、疑問にも答えてもらうことができます。そして、今の自分と同じくらいのレベルにいるよいライバルと出会えれば、切磋琢磨して、一人よりも遥かに早く、能力以上に成長することもできます。

投資の世界も同じです。よい銘柄をピックアップするアイデアや着眼点を出し合えば、新しい発見や気づきを得やすいし、「それいいね」なんて言われれば、自分の考えやしてきたことも満更じゃないと思えて、自信に繋がります。

株式投資を始めた当初、私はあまり群れずに一人で活動していましたが、やはり成長速度には限界があります。今では、投資仲間と楽しく交流しながら意見を言い合う場に積極的に参加していて、そのほうが成果も出ると感じるようになりました。第4章で触れているのですが、私は自分がゼロからよい銘柄を見つけるよりも、誰かがピックアップした銘柄を見て、それを自分なりに判断するというのが結構得意だということに気がつきました。まずは銘柄候補まで誰かがスクリーニングしてくれているので、効率もいいんです。

ただ、実際問題として、結婚と子供ができたことを機に、子育てが忙しくなり人と会ったりオフ会に出たりする余裕はなくなってしまいました。そこにコロナ禍も重なって、この頃は、ますます一人でやるしかありませんでした。

10月は銘柄選択の季節

私の株式投資は、短いスパンで頻繁に売買をするスタイルではなく、「今年の勝負銘柄」

を選んだら、それを買ってウォッチするというやり方が基本です。特に1億円を超える前後の数年間は、年単位でこれを繰り返すルーチンを意識し、購入対象の銘柄を選定する作業は、毎年10月に特に集中して行うことにしていました。

それは「10月は株価が下がりやすい」という話を以前どこかで聞いたのがきっかけでした。実際、自分で調べたところ、そういう着眼点で見れば、その時期にちょうど割安になっている銘柄を複数見つけることは確かに可能で、このときにまとめて選定しておけば、効率がいいと考えました。近年はコロナも落ち着き、子供も大きくなりましたので、オフ会に行ける機会も増えてきました。時期に限らず、よい銘柄を聞くチャンスが増えてきたので、自分で銘柄を選ぶ前の判断材料を集めやすくなり、だいぶ楽になりました。

ちなみに、オフ会に出て、実績のある投資家仲間から「この銘柄は値上がりする」というい い話を複数の人が同時に聞いたとします。それを参考にして、何人かがその銘柄を買ったとしても、彼らが同じように儲かるかというと、そこはまったく異なってきます。というのは、同じ銘柄であっても、「どのタイミングでどのくらい買うか」と「どのタイミングでどのくらい売るか」によって、結果はまったく変わってくるからです。売買のタイミングというのは非常に重要で、これによってよい銘柄であっても、期待通りの成果を得られなかったり、それどころか損をしてしまうということは、十分に考えられます。

このように株式投資では、1つの銘柄に対して、いろんな局面で判断を下さなければならないので、やはり最初の銘柄を探してくるところは人任せにしたほうが圧倒的に早いです。だって、最近の個人投資家は、みんな優秀なんですよ。なので、銘柄のスクリーニングは彼らに全面的にお任せして、私は銘柄選定後の裏取りや自分が納得して保有できるかの調査・判断に特化して時間を割くことにしています。――と言いたいところですが、やはり株式投資家たるもの、自分でできる方法は知っておく必要がありますから、その話は、次の第4章で述べたいと思います。

身近な人を投資仲間にしないこと

ここで皆さんに1つ大事な忠告があります。職場で投資の話ができる人を見つけようとはしないでください。というより株式投資をやっていることは職場では言わないようにしたほうがよいです。なぜなら、仮に銘柄の話をしていて、その後の株価推移を見てかなり儲かったことが知られた場合、「昼飯を奢れ」とか、飲み会で「ちょっと多く払え」とか、人間関係がギクシャクすることが間違いないからです。

会社の給料なんてしょせん、同僚との間ではそんなに大差はありません。そこに何十万円、何百万円儲けたなんて話が出てきたら、ねたみやタカリが横行するのは目に見えています。もし株式投資をしていることがバレてしまったら、常に損をしたことだけ話すようにするとよいでしょう。そうすれば、笑い話になりますので、人間関係を円滑にするのに役立ちます。あるいはせいぜい、おトクな優待について、有名どころを話題にする程度でしょうか。あくまで素人風情を装っておくのが無難だろうと思います。

もともとの顔見知りのなかに、投資について助言が得られる相談相手を探そうとしたり、一緒に頑張れる仲間を見つけようとするのは、得策ではないでしょう。前から友達だった人にも、投資の話はしないほうが賢明だと思います。相手も株式投資をしていたとして、やはり、勝った負けたは付き物ですから。たとえそれまでは互いに親友だと思っていたとしても、その関係がずっと続くことは期待しないほうがよいでしょう。ビジネスで信頼できるパートナーと、プライベートの友人との違いに近いものがあるような印象です。

そういうわけですから、家族や恋人をはじめ、自分が株式投資をしていることを大切な人に打ち明けるときは、慎重にしたほうがよいと思います。

第4章

御発注流・銘柄を選ぶ目

――ポートフォリオ戦略の考え方

4コジ目

時短もコジ活のうち

御発注一家では生活の隅々に
頂きまーす
株主優待が溶けこんでいる

★御発注一家 ある日の晩御飯
こめひかり
←優待
ご飯
生 みそ
←優待
味噌汁
←優待
しょうゆ
調味料
←優待
ぶたの角煮
←優待
おかず

ンマ〜い！
株主優待で揃えた晩ごはん
無料のメシうめえ〜！
家族だんらん和む〜サイコー！

パパ〜
しょうゆとって
マヨネーズ
ちょうだい
はいよ
←優待
優待→
しょうゆ
今日は肉かァ
この角煮
うまっ!
○○県
××市のよ
こだわりの
豚角煮缶詰
たまらんわァ
ぶたの角煮
うまっ
んまっ
もちろん
ふるさと納税も
フル活用である
皮ごと旨い
お魚の切り身
デザートは
大きくて
うまいイチゴ
ビールも
うまいっ
日頃、節約している分
より美味しく
より豪華に思えるのだ
ビール
生

その他
バス用品、化粧品
トイレ用品…
よか〜
生活に必要なものは
とにかく株主優待で調達
極力タダで
済ませる方針である
バスリリン
←優待
←優待
あ〜
よかお湯でした
そういえば
お義母さんに
化粧品の優待券
渡しておいたよ
ありがとー
めっちゃ
喜んでた！
お、よかった！
まあ、これ
欲しかったのよ！
あんたたちが
やってる
コジ活とやら…
いいじゃないの！
優待は人間関係の
潤滑油にも
役立つのである
株主優待券
あなた、この靴下
踵に穴が開いてる
さすがにもう
捨てる？

待て待て～い！
これすればまだ履けるヨォ！
説明しよう！
まずは「ヤマトインターナショナル」の優待で
黒い靴下がもらえる！
穴が開いてしまったら
穴の開いた黒い靴下を並べてみよう！
この列は踵に穴
この列はつま先に穴
この列は両方に穴の開いた靴下たち
つま先に穴が開いたおよび両側に穴が開いた靴下は捨てていくっ！
さようなら！
ポイ
踵に穴の靴下はまだ「戦力」であるっ！
なぜか！

キュッ
靴下の上下を逆にして履く
踵の穴は反対側の足首の甲へ向ける！
どうだ！
さらに同じ色なので左右もペアも関係なく
組み合わせができるんだナァ
A1
A2
B1
B2
A1-A2、B1-B2の靴下があって
A1の靴下が戦力外になったら
イヤ〜
コンビを変えて
B1-A2で履き続けるというコジ活だヨォ
チェンジ！
お父さんやるう〜！
イエ〜イ
「億り人」になろうとも決して傲《おご》ることのない御発注である

…2億円を超えたころから
より「守り」の気持ちが強くなった気がするナァ
なんで?
生涯年収をこれで確保した!
2億円
これさえあれば逃げ切れる!
そう思ったら「減らしたくない」という気持ちが強くなったんだヨォ
ふーん
そんな御発注の葛藤は…
スーパーで買い物の最中でも
スーパ
パパお菓子買って〜
Picky
お菓子買って〜
チョコト
くっ…

高い！
我慢しなさい！
…と
言いたい気持ちを
ぐっとこらえて…
一人300円まで
なら…いいよ
わーい！
やったあっ
Picky
チョコ
自分のこだわりを
子供たちに押しつける
わけには…
節約
コジ活って…自ら
始めたこととはいえ
異常だよな…
パパ
ありがとー
これで
明日のおかずは
1品減るけどね
次代にはこの生き方を
受け継がせまいとする
父親の姿があった

そんな御発注の投資術には「時短」の要素が多分に込められている
いやァ
時短
30代は子育てで特に時間がなかったからナァ
コスパとともにタイパも重視するスタイルである
銘柄選びではこんな方法を実践している投資家もいるが…
例えば有力な銘柄を見つけるときは――
パラ
四季報
こうやって四季報を素早く通して眺めてピンときた銘柄を見つけるのよ
パラ
?
ふうん
こうすると掘り出しものが見つかるの知らないの?
せっかく四季報を使うんなら…
俺はこうするヨォ

大株主が出た！
大株主検索
大株主の名前のリストが…
やり手の個人投資家がどんな銘柄を買っているのかわかる！
これぞ！時短投資その1大株主作戦っ！
これをチェックすればいい銘柄が早く見つかるんだナァ
大
人呼んで「コバンザメ投資の術」
特に複数の大株主が重なる銘柄は有力なんだナァ
そんな、ズルい……
ていうかあなたプライドないの？

ん？
目的は資産を着実に
増やすことだから
増
イチから自分で
発見する必要はないし
10バガー銘柄を見つける
必要もないんだナァ
10バガー銘柄
→株価10倍も夢ではない「10倍株」候補の成長株
それに僕は自分で
銘柄を発掘するよりも
人がピックアップ
したものを判断するのが
得意だと気がついたんだヨォ
そうか！
…そんな考え方が…
使える時間は
限られているんだから
株式投資ばかりに
費やすのは
もったいないでしょ？
タイパ
ばつ
タイパも重視する
御発注流投資法の
ひとつである

！…そうだよ！
ホントは遊びに
行きたいし
他の勉強もしたい！
一番は…
彼氏欲しい！
そうそう
いろんな経験で
ＱＯＬを上げるのも
大事だからネェ
ＱＯＬ？
何のことですか？
ＱＯＬは
クオリティ・オブ・ライフ
と言ってね
「人生の質」
「生活の質」など
俺たちが生きる上での
満足度をあらわす
指標の１つなんだ

ソクラテスは言った
なによりも大切にすべきは
Socrates
古代ギリシアの哲学者。西洋道徳哲学の基礎を築いた人物の1人。
ただ生きることではなく「よく」生きることである
ただ生きることではなく「よく」生きること…
なんだかわかってきました…
毎日が充実し心身が満たされた生活を過ごせということですね
そうそう
20代の俺に聞かせたかったナァ…
中小銘柄を中心にした強いアクティブファンドを調べるのもおすすめだヨォ
どんな銘柄を買っているのかをチェックするんですね？

ただし！
優秀な大株主やファンドが複数買っているからといって「正解」ではないヨ
大
大
大
投資はあくまで自己責任なので
自分が納得して買うことが大事なんだナァ
こうして有力な銘柄を見つけていく他にも御発注は――
一般的な投資三分法の図
株投資
不動産投資
現金資産
御発注流　投資三分法
一般的な資産三分法の投資スタイルにおける「不動産投資」を
「高配当・優待株」に置き換える投資術を展開している――
高配当・優待投資
成長・割安株への投資
高配当・優待株
現金

世の中には無料で提供されているものがたくさんある
コジ活とはそんなサービスをいかに賢く組み合わせて
いかに低コストで欲しい結果を得るのかを楽しむゲームなのだ……！
食事ご優待券
みそ
ぶたの角煮
こめひかり
行いは徹底的にコジでよし
しかし心は錦であれ——
いつもすいやせんの心を忘れずに…
人を不快にするコジ活は〝道〟に反する！
それがコジ活ファミリーの美学である

コジ活に必要な〝とんち〟

コジ活はサービス提供会社との知恵比べ

世の中には、販促などの目的で無料、格安、ポイント還元などで提供・販売されているモノやサービスがたくさんあります。それらをとことんフル活用したり、組み合わせたりして、できるだけ安く、得られる効果を最大化することに知恵と工夫を注ぎ込むことこそ、コジ活の本道といえるでしょう。その際、企業への感謝の気持ちを忘れてはいけないと思います。無料・格安サービスがあってのコジ活ですから。したがって、自分さえよければいいという気持ちが露骨に出ていないかは気にしたほうがいいですね。代わりに目に見えない何かを失っている可能性もあるでしょう。

サービスのフル活用といえば、「リンガーハットで無限餃子」は、基本中の基本です。

レシートに餃子無料券のクーポンが期間限定で付いていることがあるので、これで餃子を買うと、またレシートには餃子無料券が。このループを無限に繰り返せば、ひたすら餃子を定価よりも安く食べ続けることができます。さらに餃子といえば、餃子の王将のアプリはオススメです。餃子1皿を買うと、もう1皿無料クーポンが毎月配られてきます。

飲食でいえば、2019年5月、PayPayの利用を促す目的で、ポイント還元キャンペーンが松屋で実施されたことがありました。PayPayで購入すると、300円ごとに190円を還元されるのですが、私はこれを利用して、牛丼とカレーが合わさった「カレギュウ大盛り」を実質200円で食べていました。

やり方はこうです。まず、カレールー大盛り（300円）、プレミア牛皿（300円）、ライス大盛り・お新香付き（300円）の食券を別々に買う。合計900円ですが、食券ごとに190円還元されるので、実質は、（300円－190円）×3＝110円×3＝330円。この食券3枚を店員に見せると、カレギュウに食券を打ち直してくれます。カレギュウの定価は770円でしたので、支払った900円からの差額の130円を現金で戻してもらえます。すると、330円－130円＝200円。なんとこの金額で、カレギュウ大盛が食べられてしまう、という仕組みでした。

「ズルでは？」と思われるかもしれませんが、3枚の食券を無言で店員に渡すと、自動的に食券を取り替えてくれましたので、私はゴネるどころか頼みすらしていません。ひと言も発することなく、毎日のように200円でカレギュウ大盛りにありついていたのです。

携帯電話は「毎年乗り換え」が基本

絶対外せないのは、携帯電話のキャリア乗り換え（MNP）。ポイント還元が大きくて、乗り換えるだけで儲かります。例えば、他社からUQモバイルに乗り換えるだけで2万ポイントの還元があります。通話料や月額使用料に充当できるので、1年はほとんど無料で使えます。同様にワイモバイルへの乗り換えも2万円相当のPayPayポイントがもらえたりとおトクが多いので、これを毎年交互に繰り返すのです。乗り換え時のポイント還元は、家電量販店でもやっているし、総合デジタルショップのテルルなどをX（旧ツイッター）でフォローしておくと、キャンペーン告知があります。携帯が最も安いのは12月、次いで3月、2月、8月なので積極的に利用しましょう。

同じ目的で、ネット回線もソフトバンク⇔BIGLOBEを定期的に乗り換えていたものです。ちなみに、新しめの携帯電話を安く持つには、認定中古品を使う方法がありますが、ドコモが特に安くてオススメです。リスクはバッテリーのみですが、交換してもらえるショップもあります。それを買って2年くらいで売ると、プラスになることもあります。

銘柄選択で考えること

PERに注目する本当の意味

さて、そろそろ株式投資の話を。ここでは、私の銘柄選定の考え方をご紹介しましょう。

5つの円が描かれた155ページの図をご覧ください。それぞれの円には、値上がりが期待できる要素として、「バリュー（収益性）」「グロース（成長性）」「高配当・優待」「テーマ・時流」「カタリスト」という5項目があります。私は、自分の投資判断の基準として、この要素ができるだけ重なる銘柄を選定して投資先とすることを心がけています。多くの要素が重なっている部分に位置する銘柄は、着目する投資家の数も多くなり、株を買う動機につながります。欲しい人が多い銘柄＝株価の上昇が期待できる、という狙いです。

私の株投資についてのベースの考え方は、配当利回りと優待利回りをトータルで考えた総合利回りが高いことなのですが、それだけでは業績不振による減配リスクもあります。そもそも株価は日々変動しており、どうにか安い時に買う方法を常に考えていました。

そこで次の要素として「バリュー（収益性）」と「グロース（成長性）」に注目する必要が出てくるわけです。株価が割高か割安かを示す指標のＰＥＲは既に説明しました。

ＰＥＲ＝株価÷ＥＰＳ（1株当たり利益）

様々な本やサイトで、たくさん紹介されているＰＥＲですが、少し私なりの解釈で説明させてもらいます。すごく簡単にいうと、今の株価で株を購入した場合、その投資金額分を会社が稼ぐのに何年かかるかという年数を表したものとも捉えることができます。第2章で説明した吉野家の優待で34年かければ元が取れるという思考と近いですね。まずは分子の株価に注目して見てみます。株価は安い時に買えたらいいというのは直感的にわかると思いますが、どういうことかというと、例えば、株価が２０００円で1株当たりの

投資の効率性

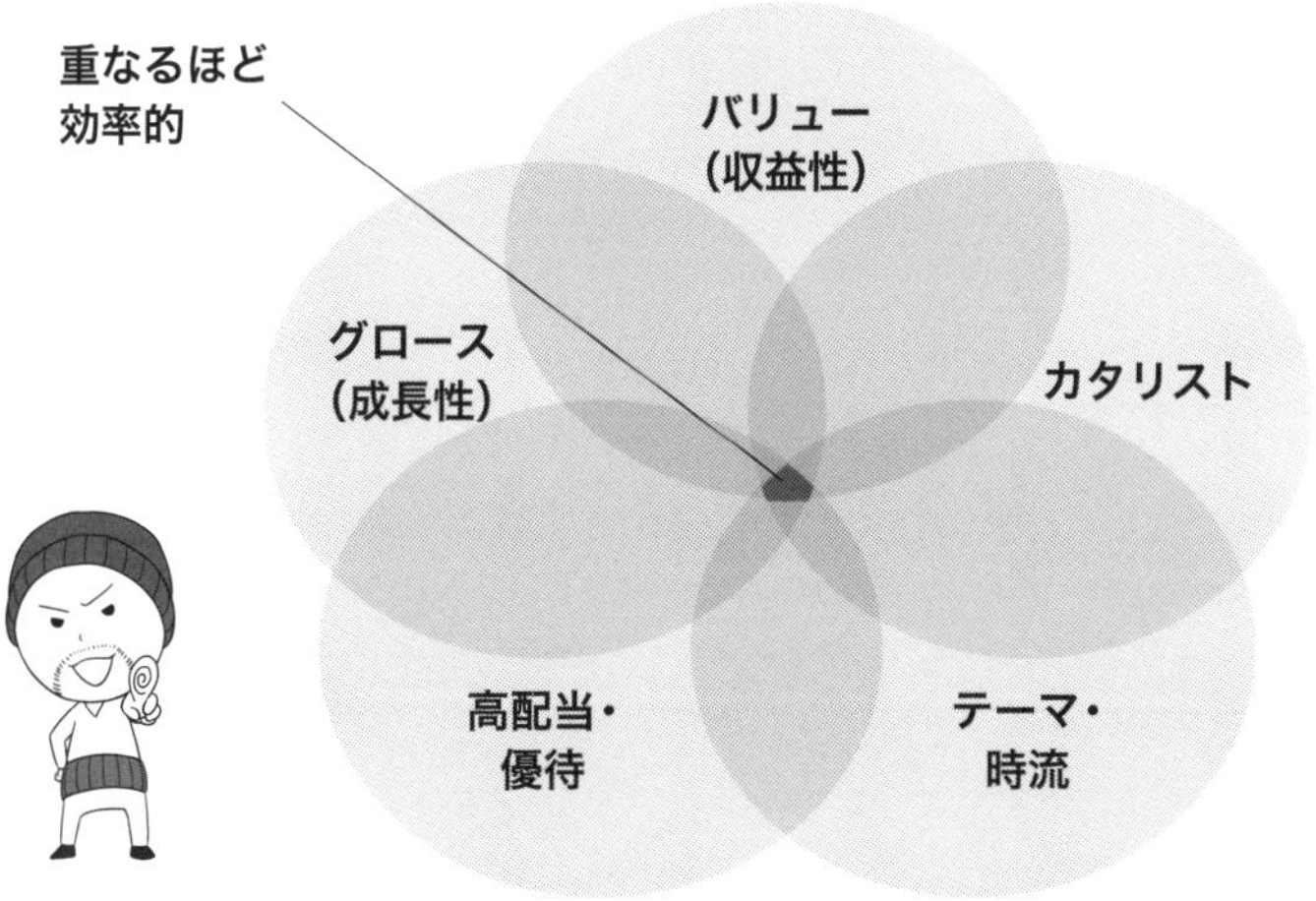

利益が１００円の場合、２０００÷１００＝20で、ＰＥＲは20倍。言い換えると、その会社は20年で投資した分を稼いでくる、と。もし、この会社の株価が半分の１０００円だとすると１０００÷１００＝10となり、ＰＥＲは10倍となります。これは10年で投資した分を稼いでくるということを意味します。当然、20年かかるより10年で稼いでくるほうがいい。これがＰＥＲです。ＰＥＲが低い時、つまり株価が安い時に株を買えるとお得だということになります。これがバリュー投資的な思考です。株価が企業の稼ぐ実力に対して割安かどうかに目を付けているわけです。

ＥＰＳが高いせいでＰＥＲが低くなることも

もう1つ、今度は分母の1株当たり利益に着目して見てみます。株価が２０００円で1株当たりの利益が１００円の場合、ＰＥＲは20倍です（先ほどと同じ）。一方で、1株当たりの利益が２００円と多い場合、ＰＥＲは10倍、つまり10年で到達するということになります。それならば、ＰＥＲ10倍の会社を買いたくなりますよね。こちらは、利益を稼ぐ力が強い銘柄に目を付ける、という考え方です。

例えば1株当たりの利益が今は２００円だとしても将来４００円に増加するなら、その時のＰＥＲは低下します。すると、低下したＰＥＲを見て、株価が割安だと思う人が買ってくるので分子にある株価が上昇、結果ＰＥＲは元の値（この場合は10倍）に収束していく。この過程で株価は2倍になるということになります。これがグロース投資的な思考です。私は、できるだけこの2つの条件がともに揃う株を選びたいと考えています。つまり、1株当たりの利益が伸びていきそうで、かつ株価が安い銘柄です。

ＰＥＲは絶対的な指標ではありません。それでも、皆が見ている万人受けしやすい指標であり、例えばＰＥＲ5倍以下の株はバリュー投資家としてはめちゃくちゃ欲しくなる株価水準になります。でもＰＥＲ５倍以下なら何でもよいわけではなく、会社が少しでも成長していけそうかも判断材料にします。なぜなら、無成長株で儲けようとすると、自分が買った時より高いＰＥＲで買ってくれる人が現れることを期待する戦略になりますが、これはあまりうまく機能しません。自分よりも愚かな者が現れることを期待することになりますので。その点、しっかり成長している株なら、ある程度高ＰＥＲだとしても、グロース投資家がその株価を許容してくれるため、ＰＥＲ５倍以下でなくても株価の上振れが期待できるという考えが成り立ちます。

例えば、ＰＥＲ５倍の株は下がっても下値はＰＥＲ３倍程度で40％のマイナス、上値は2倍以上として、トレードの期待値は合計でプラスになるように考えます。１００円の株式が60円に下落してマイナス40円、一方で１００円の株式が２００円に上昇してプラス１００円、これらの結果になり得る3銘柄があったとすると、33％の勝率でもプラスに持っていけます。つまり、

期待値＝（60＋60＋２００）÷3＝106・6円

となり、投じた１００円を上回るため、試行回数が増えれば当然に儲かるはず。そんな前提で投資をしています。

ちなみに1株当たりの利益（EPS）は、最終的に2つの数字に結びつきます。会社が事業を頑張って得た1株当たりの利益をどう使うかによって、数字は分かれます。まず1つは、配当に回し投資家に支払って還元すること。もう1つは、会社の将来の成長に使うために内部留保することです。内部留保用にすると会社の資産が増えるため、1株当たりの純資産（BPS：Book value Per Share）が増えることになります。利益は株主還元か将来の成長のために使われることになりますが、会社の考え方がここに表れます。

「リスクをとる価値のある投資」の線引きはどこ？

2023年3月に東証が上場企業に対してPBR（株価純資産倍率）の改善要請を出し、PBR1倍割れの企業へ株価対策を指示しました。PBRは、株価を1株当たりの純資産で割ったものです。内部留保で分母の純資産が増えていくとPBRが低下していくので、企業の株価対策も含めて株価の上昇が期待されるという構造です。

私は、時間さえ味方に付ければ絶対に元が取れるであろう銘柄を選びたい、それしか買いたくないと思っています。仮に株価が下がって資産が減ったとしても、配当や優待をもらい続けることで元を取るという、第1章で紹介した吉野家の事例の実践ですね。その利回りの判断基準として、PERでいうと5倍、配当＋優待の利回りでいうと5％あればよいのではないかと考えています。ちなみにPER5倍は、5年で投資金額に匹敵するという意味では、利回り20％ともいえる値でしたね。

投資金額に対して自分が受け取れる配当利回り5％と、投資金額に対して企業が最終的に稼ぐ5％（つまりPER20倍）は、同じ価値ではありません。利益を企業がどのように使うかわからないPERよりも、確実に現金が手元に入る配当利回りの方が、その価値は高くなります。リスクプレミアム（リスクに対する利回りの上乗せ）を考慮すると、PER20倍での5％より利回りはもっと欲しいので、PER5倍、つまり利回り20％ぐらいあれば、「オイシイ投資だな」と考えます。同じように無リスク資産の代表格である日本国債の利回りなどと合わせて、リスクプレミアム順にまとめると次のようになります。

日本国債10年＜アメリカ国債10年（為替リスク含む）＜優待＋配当投資（優待改悪・減配・株価変動リスク含む）＜PER視点の投資（業績・株価変動リスク含む）

同様に、確実にもらえる100円と確率上もらえそうな期待値100円も同じ価値ではないので、期待値についても150円なら取りにいく、つまりは50％くらい値上がりが取れそうなら投資する（リスクをとる）といった考え方が非常に大事です。

これら株式投資における期待値・利回りにプラスして、マクロ視点から日本の10年国債利回りをさらに足した利回りが確保できれば、リスクのある株式資産の安全域の考え方としても十分なものになると思います。

ホットな話題とタイミングにも注目

あとは「テーマ・時流」。これらは投資家の期待を集めるのにはうってつけの根拠です。「インバウンド」「電気自動車」「AI」など、皆さんもよくご存じのニュースなどで取り上げられ耳にするようなものです。それらの関連銘柄は、仮にしばらく業績がついて来なくても当然値上りしやすくなります。もちろん、それが中期経営計画などに反映され、1株当たり利益が伸びることが想定されていればなおよしです。

最後は「カタリスト」。カタリスト（Catalyst）とは、株価や企業価値に影響を与える要因や出来事のことを指します。もともとは化学の「触媒」を意味する言葉ですが、投資の世界では「株価が動くきっかけ」として使われます。話題性のあるニュースが出ることが予想される銘柄ということです。例えば、業績の上方修正、好決算、新製品・新サービスの発表、M&A（買収・合併）や事業提携、配当増額・自社株買い、規制緩和や政策の追い風、大型契約の獲得などが挙げられます。

以上をまとめると、私の考える「負けにくい投資」とは、定量分析としてPERや配当＋優待、PBRを採用し、期待値の部分は残りの円（成長、テーマ・時流、カタリスト）を定性分析に組み合わせていくのが理想形です。定性的な評価、例えば「テーマ・時流」は、新聞を読んだり、日々の値動きからどの株やセクターが上がっているのか、マーケットで今何が評価されているかなどのインプットが大切になります。「カタリスト」は、決算説明会資料を読んだり、他の投資家との交流で得られる情報なども参考になります。また、次の四半期決算でいい数字が出そうとか上方修正が出そうなど、定量的な部分で将来起こりそうな事象もカタリストになり得ます。

御発注流・銘柄スクリーニングの設定

ちなみに定量分析として、初心者には、PBRが低いかどうかという指標がおすすめです。PBRが1倍よりも低いということは、株価よりも資産を多く持っているということなので、もともと低リスクです。一般的に人気がなく、株価の変動が少ないところに、何かのカタリストがあれば見直し買いが入ることになります。割安ということは、低リスクなのに上値はモメンタムで買われていく、つまり期待値が高いといえるのです。

ただ、日本の上場企業は4000社弱あるので、やみくもに調べていくと、途方もない労力と時間がかかります。そこで、ある程度の基準を設けてふるいにかけます。(スクリーニング)。私の場合は、できるだけ損をしないことが前提にあるので、必然的に割安株に絞り込む作業になります。SBI証券などでは、条件を指定することで銘柄を絞り込むことができます。私がコジん的に行うスクリーニングは以下です。

①PER　15倍以下
②ROE　6%以上、7・5%以下
③過去3年売上高変化率（降順に並べる）

加えて今期経常利益変化率も併せて表示させ、上から順番に銘柄を見ていきます。

PERについては既に説明しました。③の売上高変化率は、過去3年で売上がどれだけ伸びたかという成長度合いを見るものですが、②のROEは、少し追加で説明しましょう。

ROE（Return on Equity）とは、自己資本利益率のことです。当期純利益を自己資本で割ったものですが、別の書き方をすると1株当たり利益を1株当たりの純資産で割ったもの、つまりEPSをBPSで割ったものになります。

要するに、企業が資本をどれだけ効率的に活用して利益を生んでいるかを表したもので、この値が高ければ高いほど企業としては魅力的なのですが、当然のことながらその場合、期待が乗って株価も割高になってしまいます。実は、この期待が大きく乗ってくる境界が8%以上とのデータがあるので、このスクリーニング式になっています。効率よく儲けているけど期待が株価に乗っていないギリギリのいい塩梅の銘柄を抽出するわけです。

将来、この基準で選んだ銘柄が順調にEPSを成長させてくれた場合には、ROEが向上して8%以上となり、結果として株価に反映され出す、という目論見になっています。

ROEで区切ることで、銘柄がかなり絞られて100〜200程度になるので、怠惰な私にも何とか調べる気力が保てる水準になります。皆様におかれましては、ご自身の投資に充てられる時間に応じてROEの幅を増減させてみるのをおすすめします。

銘柄を選定できたら次はどのタイミングで購入するかという問題ですね。私は長年、「相場の歪み」を計測して売買タイミングを計ってきました。ここからは、少し専門的な話になるので、難しく感じる人は読み飛ばしてください。意味がわからないままマネをするのは、一番危険なので、それだけはやめてくださいね。

相場の歪みを見る方法には、例えば「信用評価損益率」があります。信用評価損益率とは、信用取引をしている投資家全体の含み損益を示す指標です。信用買い（買いポジション）や信用売り（売りポジション）をしている投資家が、現在どれくらい利益を出しているのか、または損をしているのかを示します。

これは松井証券のメルマガなどでも確認できます。マイナス5～マイナス10％付近が適正水準といわれ、この値がマイナス5％～プラスになると投資家が楽観的となり、市場が天井圏の可能性が近づく要注意信号です。

一方、マイナス10％前後となると、投資家が悲観的となり損切りが増えやすくなり、マイナス20％以下では追証発生が増加し、株価の底打ちサインになる可能性が高まるとされています。これらは絶対的指標ではありませんが、私の場合、マイナス5％～プラス圏にある時はあまり買いたくないため「売り」の準備をします。マイナス15％を超えてきたときには、買いの準備をするといった使い方をしています。

また、25日移動平均からプラスマイナス25％以上乖離した銘柄数で相場の歪みを測ります。プラス25％で乖離した銘柄数が２００以上なら、売却してもまず後悔しないタイミ

相場の歪みを知る指標例

①信用評価損益率

・－５％以上で売り準備（新規買いストップ）
・－10％以下で買い準備（新規売りストップ）

②25日移動平均線

・＋25％乖離の銘柄数が200以上なら売ってもまず後悔しないタイミング。
・－25％乖離の銘柄数が200以上なら買ってもまず後悔しないタイミング。
・ただし相場が極端に強かったり弱かったりすると、200以上のまましばらく推移することも。

③ストップ安・ストップ高の銘柄数

・±25％乖離の銘柄数が200以上で推移する相場では、ストップ安、ストップ高の銘柄数をチェック。
・需給が極端に偏っていて、意味なくストップ高、ストップ安にする銘柄が増えるため。

ング。逆にマイナス25％乖離銘柄数が２００以上なら、購入しても後悔しないタイミングとみます。ただ、相場が極端に強かったり弱かったりすると、２００以上のまましばらく推移することも。その場合はストップ高やストップ安銘柄数も参考にします。それらが意味なく極端に多い場合は歪みが強いと判断しています。

このように極端に相場が歪んでいるときのために、スクリーニングや大株主投資、オフ会で聞いた銘柄などをリスト化しておき、「みんかぶ」などで配当と優待利回りのランキングを調べたりして買い付けていくのが、一番損しにくい投資法と考えています。

ポートフォリオの組み立て方

株式投資を軸にした資産三分法

20代のころは、とにかく入金しては「高配当・優待」銘柄を買い集めていました。30歳ぐらいで配当と優待だけで生活できるようになり、２０１６年に資産2億円を達成。大きな心境の変化がありました。守りに入るんですよ、やっぱり。2億円を超えたあたりで、生涯年収と同等になったことで、資産が減ることが急に怖くなりました。

だからちょっと守りに入りました。それが御発注流の資産三分法になります。

ポートフォリオ理論でもよく語られる普通の資産三分法は、「キャッシュ（預貯金）」「株」「不動産」の3つに分けた運用方法です。「預貯金」という安全資産と、「株（債券を含む）」「不動産」という運用の仕方や値動きの異なるリスク資産に分散することで、バランスのよい資産管理を目指すという理論です。ただ、私は従来の「不動産」のところに高配当銘柄や優待利回りの良い優待銘柄を設定し、不動産投資で家賃収入にあたる内容を確保しています。「株式」の所には、株価が短期で2倍や3倍になるかもしれないっていう、ちょっとやんちゃな株を買うという感じの三分法にしています（まんが148ページ図を参照）。

といっても、株式市場に全資産の3分の2を入れており、三等分ではありません。資産全体で考えると株の暴落には弱くなりますが、そこは割と長期で高配当がもらえていればよいという割り切りと、仮に暴落が来ればキャッシュの保有（キャッシュポジション）を減らして株を買うという機動的なこともイメージしているからです。ちなみにキャッシュは、証券口座ではなく、できるだけバラバラの口座に置いていました。こうすると、曖昧な目的で使ってしまうことを防げるのです。もし、家計全体で考えるなら、配偶者や家計の貯金がキャッシュポジションとなるため、自分自身のお金は株式投資にフルポジ（資産をフルに株式投資に振り向けるポジション）でもいいという考えもできると思います。

コロナ禍を機に投資スタイルが変化

2020年までは、この考えで投資を続けていました。大きく考え方を変えたのはコロナです。コロナ禍では、これより大きな下落率はリーマン・ショックしかないぐらいまで、株価は落ちていたんです。「もしもリーマン・ショックレベルまで行くとしたら、あと2割は下落する」みたいな感じで、「ここが今の底値（大底）だ」と思えたタイミングでも、あまり買い入れできませんでした。ただ、それでも結構すぐグロース株を中心に株価が戻ったりしていましたので、半信半疑になりつつも、キャッシュポジションを少しずつ減らしながら買い進めました。この頃、コロナ禍で各国政府が経済対策と称して、補助金などを通じて市場に大量の資金を投じていました。そのため、ここからはインフレの時代が来ると感じ、キャッシュポジションを徐々に株式投資に回して、最終的にはすべて株に振り分けました。なので以降はフルポジとなり、それは今も続いています。

２０２１年の末頃からオミクロン株が登場し、重症化する人が減ってくると、アフターコロナを意識した銘柄選定を始めました。通常の生活に戻ったら何がどうなるかという目線で、例えば外出して洋服も買うようになるとの考えから三陽商会（８０１１）を、無印良品のＯＥＭ製品を納入していて過去に配当利回りの高かった三栄コーポレーション（８１１９）を買っていました。コロナ前の業績に戻り、それに伴って配当も戻るとなると、キャピタルゲインもインカムゲインも両方取れて、ダブルで嬉しいという発想です。

ただその頃、同じ考えで買ったマンダム（４９１７）などの化粧品関連銘柄は、いまだに株価が鳴かず飛ばすなので、全部が成功したわけではありません。日本航空（９２０１）やＡＮＡホールディングス（９２０２）といった航空関連も株価は戻っていませんね。

なお、信用取引を使ったレバレッジは、あまりかけないようにしています。米国債の金利はまだまだ高い状態のため、リスク資産に資金が流れにくい状況が続きそうなので、金利を支払ってまでレバレッジをかけた取引は原則不要との考えからです。日本の金利も上がっていきそうなので、信用枠はいざという時に取っておきたいと思います。

このような金利などのマクロの観点での市場分析は、これもまたそういう発想で売買する人がいること、つまり需給に影響を及ぼす可能性があることから、一応やるようにしています。一度身につけてしまえば一生使えるスキルになるので、マクロで見る視点はコストパフォーマンスに優れているんじゃないかと思います。

投資活動にも「時短」の発想を

１７１ページの図に見るとおり、家庭のあるサラリーマンの自由時間は、せいぜい週に27時間ちょっとです。その時間全部を株式投資に捧げるわけにもいきませんので、効率的に成果を上げる「時短」の発想が重要になってきます。

そこで、私が実践している「コバンザメ投資法」を紹介しておきましょう。まんがでも触れましたが、これは人様の力を最大限にお借りして行う銘柄選択の術です。

なかでもおすすめなのは「大株主作戦」です。具体的には、信頼できる大株主を見つけて、その大株主が保有している銘柄を買っていくという手法です。ある程度、自分の手法で選んだ銘柄の大株主を調べていくと共通で名前が登場する場合があります。そのような大株主が見つかればしめたもの。なぜなら、銘柄選定が自分自身と似通ったところがあるからこそ複数銘柄でカブることが起きていると想像できるからです。そうなれば、あとはその株主が保有している他の銘柄を探して投資対象にしていけばいいのです。直近の事例では、企業が自社のショッピングサイトを作り運営することを支援するサービスを展開していたEストアー（４３０４）。この会社には、私がウォッチしている大株主のうち、なんと吉田知広さん、山沢滋さん、鈴木智博さんという3人もの方が大株主に名を連ねていました。

Eストアーは、ECサイト構築システム「ショップサーブ」事業とEC構築支援サー

「時間」が一番のボトルネック

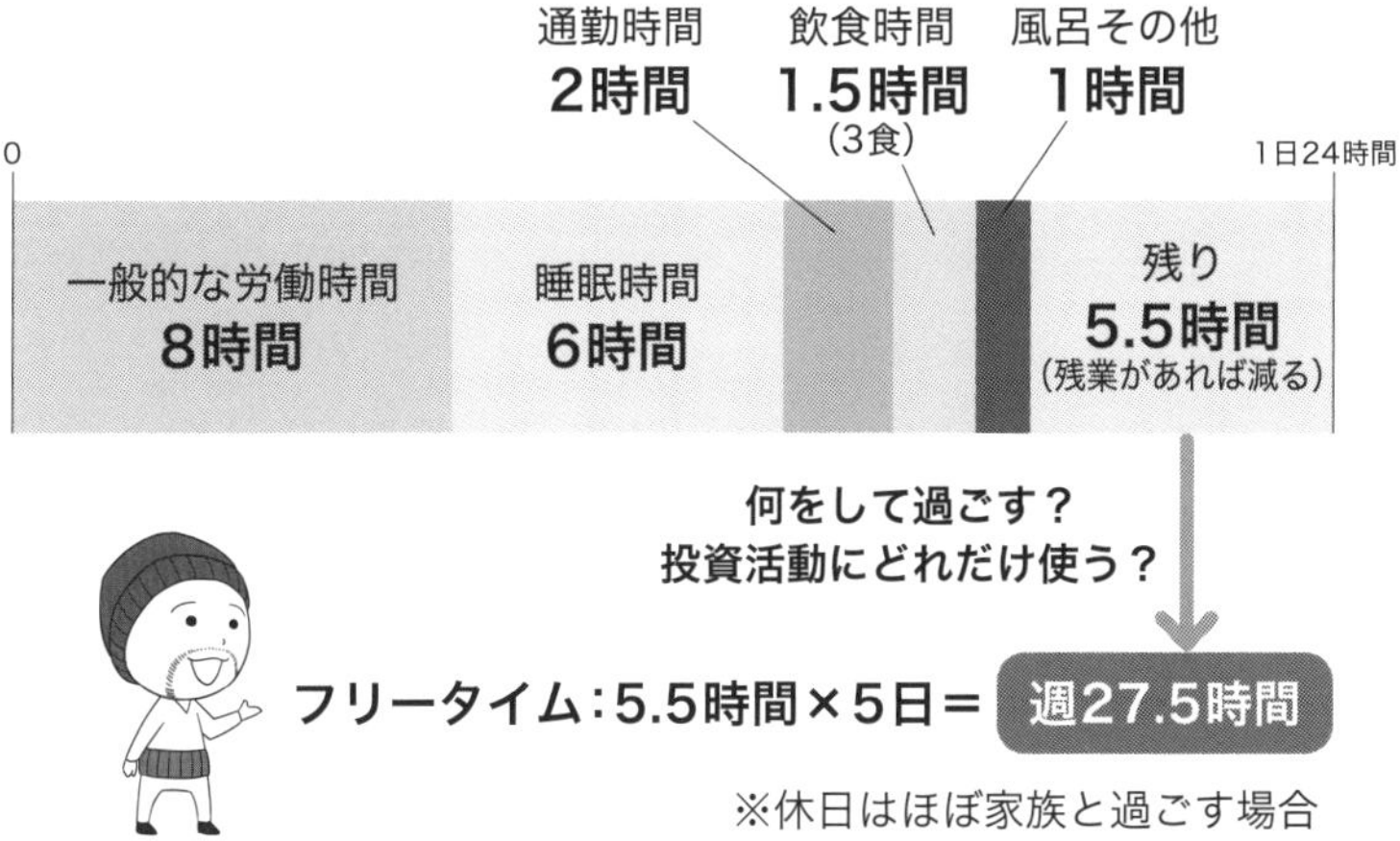

ビスを元々提供しており、これらのノウハウを生かした新人起業家との共同経営事業であるＨＯＩ（ハンズオンインキュベーション）事業でも成長を続けていました。インキュベーションの本来の意味は「親鳥が卵を抱いて孵《ふ》化《か》させる」。つまり、新人起業家を卵に見立て、起業（孵化）させて、育て上げるのがインキュベーションで、それをハンズオン、つまり支援策の提案及び実施計画書の策定を伴走支援する事業です。

このＨＯＩがアパレル系だったので、アフターコロナで子会社ＩＰＯも期待できると考え買っていました。３人の大株主と意見の一致をみたことから、確度は高いと確信できるわけです。結果的に、ＢＡＳＥ

御発注流　時短投資術
大株主作戦
会社四季報ONLINEなどで「大株主」を検索。個人投資家を追跡（ストーキング）して、複数の大株主が保有している銘柄をピックアップ
中小型株ファンド作戦
国内中小型株を中心に運用しているファンドを選定。実績を確認し、強そうなファンドの月次レポートから銘柄をピックアップ※
SNSパクリ作戦
X（旧Twitter）を巡回し、面白い銘柄をピックアップ。検証して複数の有力な要素がある銘柄を選別する
※苦瓜達郎氏がファンドマネージャーを務める「ニッポン中小型株ファンド」や光通信（第5章参照）の保有銘柄など。

（４４７７）がＴＯＢによるＥストアーの完全子会社化を発表。購入期間は２０２５年３月４日～４月１日で、ＴＯＢ価格は１株あたり１９５３円。発表直前の終値（１２０４円）に62％のプレミアム（上乗せ幅）が付きました。

　これも先に述べた複数要因が重なっていると判断しての購入でした。ちなみに、大株主が２人以上カブったからといって、それを複数の要素とカウントはしません。あくまでも要素としては１つのカウントです。

また、このような大株主として非常に有名な人が重なっているからといって、必ずしも正解であるとは限りません。また、いつ売り抜けされるかわかりませんし、常にはしごを外されるのは覚悟しておく必要もあります。こちらが勝手に便乗しているわけですから、常に「いつもすいやせん」の心を忘れずにいたいものです。

そして、やはり最後は自分でその株のよさを理解できていなければ、その銘柄は買うべきではないと思います。株価の暴落局面では持ちきれないし、長い目で見ると儲からないという事に繋がります。大事な部分が抜けていては、一時的に儲けることはできても、何年も儲け続けることはできないと思います。

「自分にはできない」の自覚から道は開く

私が観察している感じでは、すごく才能のない人や、逆に生まれながらの天才は少数しかいません。そこで一般人の成功する・しないを大きく分けるものは、リソースの配分になるになるのだろうと思います。時間を何に使うかは、その後の人生を大きく左右します。

「超絶に無能だけど、労力は一切かけずにオイシイ目にだけ遭いたい」。そういう人が取るべき道は1つしかありません。持てるリソースを何をどこに配分するか、ここだけに全労力を投入するしかありません。あとは時間が経過するだけで勝手に成功するような場所を探すこと。つまり、ポジショニングであり、「現在どこにいるべきか」という場所の選択も重要になってきます。大勢の人たちを見ていると、配分を全然絞り切れていない人が多いように思います。「自分はもっといろいろできる」みたいに考えてるように見えます。そうやっていろいろやっているのは、基本的には意識高い系の人たちなのだけど、時間には限りがあるので、実際に人間は、そんなに多くのことを成し遂げることはできないと思います。「能力がない」と自覚しているならなおさらで、人間はシングルタスクを徹底して繰り返すことが一番効率がいいようにできているわけです。

ということで、限りある時間は、せいぜい3つのテーマくらいに絞って投入するのが限度ではないかと思います。お金があれば幸せになれる訳ではないけれど、お金は持っているだけで不幸を避けることや、何かに縛られるという不自由を避けること、何かに挑戦する余裕を得られます。お金といえば、すぐに消費に目が行きがちだけれども、株投資にお金を「遣う」活動により、消費して減っているわけでもないのに、得られるものが増えていました。これはとても意義のあることだったと実感しています。と同時に、株投資に成功したことで、資本主義に対する、とても大きな歪みも感じたことも事実なのですが。

第5章

8億円突破で思う“次”の生き方

――薄れゆくコジ活魂

5コジ目

これからのコジ活

20代…一番大事なものはお金だったとにかく節約が第一に優先した
主食はパスタ！おかずはもやし！
風邪？寝てりゃ治る！
医者にかかるなんてもったいないっ！
ゼェ
ゼェ
30代…「時間」の重要性を痛感した
イチからじっくり調べる時間なんてないヨォ
あそぼー
あそぼ〜
そして40代…8億円もの資産を手にした今…
人生の充実をますます考え始めている
8億円
いろいろあったナァ
えええ？？？ろ 61倍？
ふ 含み益3億円…？
…すごすぎる
最盛期の話だけどね
IRJapan HD 18,410円 +300,692,400円
6035 特定 296.0円 +6,119.59%
★記念写真です

まだ行ける！と思っていたら40倍まで下がって
1億握りつぶしてしまったのが悔やまれるナァ
い　いちおく…
？じゃあ今では…
考えも行動も変わったナァ
時間にも「バランスシート」というものがあるから
経験
豊かさの総量
経験を通して自分が豊かになった総量が最終的には大事なんだナァ
だけどそのためにはどうしても「時間」が必要なんだナァ
時間のバランスシート
人生＝時間をどう配分するかのゲーム
【時間資産の部】
・これから得るもの
⇒人生を豊かにする経験
【時間負債の部】
・モノを持つ
・借金をする
⇒将来の時間を縛る選択
①長期他者借入時間
・雇用など
②短期他者借入時間
・他者の力を一時的・間接的に借りる
【時間資本の部】
・寿命
右側（貸方）は「時間資本の部」「時間負債の部」
左側（借方）は「時間資産の部」
時間負債の部とは「モノを持つ」と「借金をする」などにより縛られるけど、多くの時間資産を得ること

詳しく教えて
いいよ～
バランスボールならぬバランスシート
「他者借入時間」というのは他人の力を一時的・間接的に借りること
「雇用」は自分の時間を投資するけどそのおかげで
○◇会社
生活もできるし経験のチャンスも増えるからレバレッジ！
時間資産UP↑
レバレッジ（leverage）
→経済活動において他人資本を使うことで自己資本に対する利益率を高めること
要は自分以外の誰か・何かのおかげで自分資産を増やせる自分１人だけでは得られないものが得られるんだナァ
重要なのは「時間資本の部」
ぽゎ～
これは寿命のことであるが…
「自己資本」と違って上限があるし減る一方なのだ！
タッタッ
「時間資本」の減少をいかに抑えるかが大事なんだナァ
そこで！

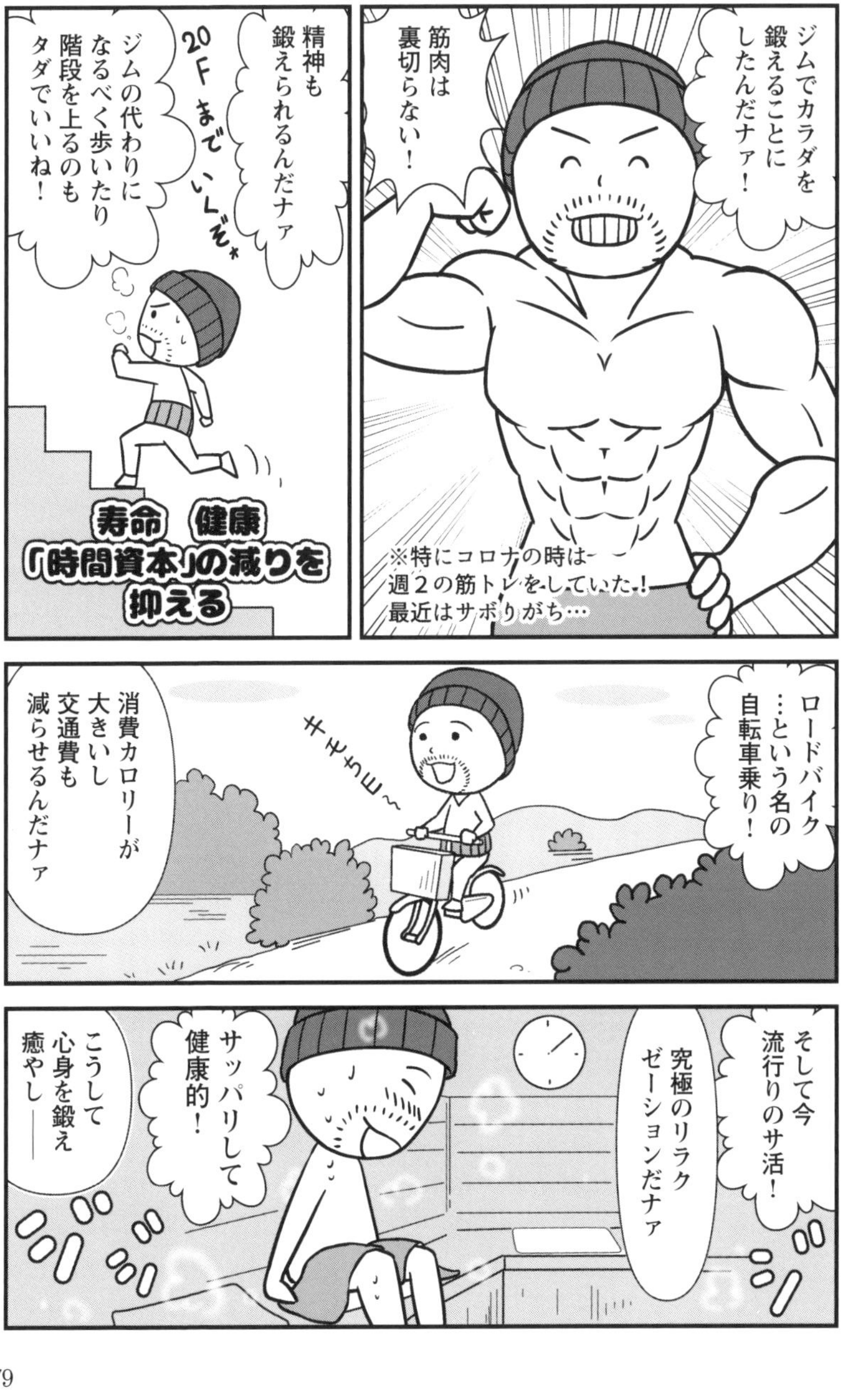
ジムでカラダを鍛えることにしたんだナァ！
筋肉は裏切らない！
※特にコロナの時は週２の筋トレをしていた！最近はサボりがち…
精神も鍛えられるんだナァ
20Fまでいくぞォ
ジムの代わりになるべく歩いたり階段を上るのもタダでいいね！
寿命　健康「時間資本」の減りを抑える
ロードバイク…という名の自転車乗り！
キモちEー
消費カロリーが大きいし交通費も減らせるんだナァ
そして今流行りのサ活！
究極のリラクゼーションだナァ
サッパリして健康的！
こうして心身を鍛え癒やし――

食事については？
PFCバランスが大事なんだナァ
高たんぱく・低脂肪低炭水化物でバランスよく摂取することを心がけているヨォ
P F C
たんぱく質 脂質 炭水化物
3：2：5
体重減少には鍋が最高だナァ
たんぱく質を食べると脳が満足して食欲が収まるんだヨォ
最近は風邪すら引かなくなったんだナァ
ははは
20代とはえらい変わりようじゃないですか！
歳をとると健康の価値が上がってくるんだナァ
お金っていわば寿命が期限の優待だから
名言
あの世まで持っていけないってやつ？
だネェ
じゃあコジ活のほうも…
うん
これは時代に合わせて考え方を変えていく必要があるナァ

そもそも「コジ」なる活動はバブル時代には存在しなかった
経済が上り調子で好景気のインフレ下では「コジ」をする必要がない
だが経済が停滞してデフレ時代になれば「節約」には大きな意味がある
¥10000
デフレではお金の価値が上がり続けるからナァ
？
今：牛丼は５００円デフレで物価が下がると…
1年後：牛丼３００円
500円
300円
なるほど～
でも今はインフレですよね
だから考え方を変えないと…というコトか
デフレでは持っているだけでお金の価値が上がっていくんだナァ
だナァ
究極的には「欲しいものを我慢して買うのを先延ばしにする」は不利になるヨォ

今：洋服５０００円
高いから我慢！
5,000
インフレで物価が上がると…
1年後：洋服７０００円
7,000
値上がりしてる～(泣)
ああ…
しかもスタグフレーション！
スタグフ
レーション？
インフレだが経済活動は停滞しているという状況なんだナァ
↑物価↑
←給料→
世の中いろいろ値上がりしてるけど給料はそこまで上がってないでしょ？
うう…
どうすればいいんですか！

これからのコジ活は
ずばりDIY！
だと思うんだナァ
DIYって
あの…？
DIY : Do It Yourself
うん
少しでも
自給自足ができれば
それが立派なコジ活に
なるんだヨォ
自分で作って
自分で消費する！
さらに修繕や修理など
自分のことは
自分で解決する！
まぁ…できる
範囲でネ
こうした
コジ活の中で
御発注さんの
楽しみって
投資以外に
何があるの？

僕は家族で節約旅行がとても楽しいんだナァ
車中泊で旅行に行って宿代を浮かせたり…
あづ〜〜い
夏はゲキ暑で寝られなかったこともあったけど
ひ〜〜〜
せっかくの旅ならいいホテルに泊まってごちそう食べたいし
なるべくいろんなところを見たいし買い物もしたいよ！
ええ〜〜？
苦労もあって楽しんだ経験のほうが思い出に残ったりするし…
お金をかけない人生の楽しみ方を覚えていくのも大事なんだナァ
ていうかそもそも8億もあるんなら
会社なんて辞めちゃえばいいのに！
だって会社を辞めたくて始めた株式投資なんでしょ？
8億円
…それが
気づいて
しまったんだナァ

会社というのは
それ自体が
福利厚生で
あるということに！
福利厚生
？
水、社食、トイレ、冷暖房費
パソコン使える、ネットができる
社員食堂
HOTEL
経費で旅行（出張）
本当の福利厚生で
ホテルに格安で泊まれる
ワイ
ワイ
チケット
懇親会でメシが食える
…などなど。
映画の補助
会社に勤めて
いるだけで
いろんなものが
タダや格安に
なっていたんだナァ
え…
そんな発想に…？
会社を辞めて
個人事業主になって
全部自分のお金で
やるなんて…
絶対大変だヨオ！
ぷるぷる

コジを極めた結果——
楽〜〜
無料は脳汁出るヨォ!
会社を辞めるのはもったいなくてできなくなってしまったんだナァ!
コジはFIREできない…
エイッ
そんな真理が…
FIRE
→若いうちに資産形成をして早期退職し
その後は投資の運用益(不労所得)によって自由な生活を確保する
新たなライフスタイル
僕の基本は「ラクして儲けたい」なんだナァ
カチャ
カチャ
ファ〜
カチャ
要するに基本が怠け者なの
だからあえて難しい状況に行こうとは思わない
それよりも今は新しい価値観を学ぶことが面白いんだナァ

例えば？
幸せを感じることとお金とは関係ないんじゃないかなんて思ったり
これはこれ
「バーベキューをやると幸福度が上がる」という話があるんだけど…
あーん
おいしいものを好きな人と分け合う…
あーん
そういうことを一緒に楽しめる人と繋がっていいたいナァ
えええっ！
ここまで人間が変わるとは…
株式投資に大成功した先にあるもの——
ハハハ
おいしー
それは「本当の幸せとは何か？」であった
あたしもー
ジュー
ジュー

資産8億円を超えて

今、注目の銘柄は？

２０１５年に2億円、２０１８年に3億円、そして２０２４年末に資産8億５０００万円に到達し、配当収入が年間２０００万円となりました。サラリーマンも続けていますので、これに労働収入もプラスとなります。株式投資を始めたころの目標は、十分達成されており、「収入の2割をどのように使うか？」に苦労しています。ここまでのコジ活魂が邪魔をして、お金を使おうとしても「……やめておくか」となってしまうのです。40歳を過ぎて人生の終わりを意識し始めると、「いかに豊かな経験を味わうか」への関心が強くなってきました。その分、どうしても株式投資については、惰性で行う面が出てきてしまっているところも否めません。とはいえ、少しでも参考になればと思いますので、２０２５年3月時点で気になっている銘柄について、ご紹介しておきたいと思います。

私のポートフォリオは現在、10～20銘柄が株価上昇を期待したもの、それ以外は配当と優待がもらえるものという構成です。ただ、配当と優待ももらいつつ値上がりも期待している銘柄も結構あるため、両者の比率や構成比は正確には表現しづらい感じです。

例えば、ヱスビー食品（2805）。ここは中期経営計画を見ると、配当性向を30％にするとあります。この会社は株価が5000円台なのに対し、2024年3月期ベースでは1株当たり利益（EPS）が555円もあります（つまり、PERは9～10倍）。なのに配当66円しか出していませんでしたから、増配余地がかなりあるんです。現在だと配当利回りは1％ちょっとですが、配当性向が30％になるなら、将来は配当利回りが3％を超えてくるはず。注目する投資家が増えると期待できますので、キャピタルゲイン（売却益）とインカムゲイン（配当金）の両方が狙える、という見立てになります。

「世界でヒット」をカタリストとして注目

しかも、ヱスビー食品は、増配期待とともに海外展開も進めている拡売トレンドまっただなかという2つの要素が重なっているのです（テーマ・時流＋カタリスト）。米国で醤油が売れまくっているキッコーマン（２８０１）もそうですが、市場の広さを考えれば、日本だけで売っているよりは、海外の胃袋を相手にしたほうがいいわけじゃないですか。

しかもキッコーマンのＰＥＲは22倍とヱスビー食品への評価の2倍以上。海外展開組で成功する企業のＰＥＲが10倍以下の評価はおかしいと感じます。この水準訂正もきっとあるんじゃないかと思うのです。ちなみに世界の食品企業最大手のネスレはスイス（人口８００万人）の企業です。食品企業は世界規模で受け入れられるかどうかが利益成長の大きなカギになるということがわかると思います。

そういう何か、ぐっと業績が上がりそうな材料がある銘柄を「カタリスト」として長期で狙っている感じです。ヱスビー食品はゴールデンカレーがアメリカで「日式カレー」と呼ばれて爆売れしている様子。日本のカレーっていうのが、海外に受けているそうなんです。

また、トレジャー・ファクトリー（３０９３）やゲオホールディングス（２６８１）などの中古品を取り扱っている会社も注目しています。ゲオはアメリカなど海外でのリユース事業を積極的に展開していて、これが成功すれば更に業績の伸びが期待できます。これもカタリストとして見ています。今はインフレの世の中ですが、それなのに給料がそこまで上がらないことにより、景気が悪化してスタグフレーションになる可能性があるのではないか（テーマ・時流）というように、マクロ経済の状況を見ています。

そういうときは、人々は新品を買うのを諦めて中古品で我慢するようになる。結果、その手のビジネスが伸びるだろう、と（カタリスト）。実際、ゲオホールディングスは中古の服を売ってるセカンドストリートが当たってるし、スマホ本体も、今は新品は10万円を超える高額商品ですから、「中古品でいいか」というニーズが非常に高まっています。

インフレ時代のユジ活とは？

新しいユジ活に生きる

これまでのデフレの時代とは、基本的に、キャッシュを持っていたほうがいい時代でした。

インフレ時代は今までの常識が通用しない！

デフレの時代 … **モノはどんどん安くなっていく**

常識 ・「いらないかも？」は捨ててよし！
　⇒「いる」がわかっても安く買い直せるかも？
・「欲しい！」は我慢して待つ **⇒少し経てば安くなるかも？**

↕ **「おトクな行動」は真逆になる！**

インフレの時代 … **モノはどんどん高くなっていく**

常識 ・「いらないかも？」は持っておいたほうがいい？
　⇒買い直すのは高くつく
・「欲しいかも？」は買ったほうがいい？
　⇒少し経つと高くなっているかも？

極力キャッシュを使わず、「節約して手元に溜め込む」というコジ活的な考え方がとても正しく、近藤麻理恵さんが説いていた「こんまりメソッド」のような捨て活も正義でした。なぜなら、捨ててまた必要に応じて買い直すことも、物の値段が下がっていく中では選択肢としてありえたからです。

逆に、インフレ下では、基本お金の価値はどんどん減っていくので、物は持っていたほうがいい。どうせ値上がりするのだから先に買ったほうがいいという思考が必要になってきます。節約は得しているようで、実はお金を使わないとどんどん損する。割に合わない時代が来ているかもしれません。

では、インフレが進んでいるのに経済が

停滞している状態、すなわちスタグフレーションの時代はどう考えたらよいのでしょう。物価が高くなるのに給料が上がっていない今の日本は、本格的なスタグフレーションに突入しつつあるかもしれません。スタグフレーション時代を強く生き抜くカギは、DIYだと思います。DIY（Do It Yourself）とは、「自分でやろう！」という意味で、専門業者に頼らず、自分でモノを作ったり修理したりすることを指します。労働の対価と物価の上昇のバランスが崩れていくため、価値を作り出せる側に回る必要があります。例えば農業や、リフォームスキルなどです。大工や職人もいなくなるので、修理を依頼するとありえないくらいの請求額になっていくでしょう。自分で修理できるスキルがあると相対的に豊かになれるはず。当然、助け合える人との繋がりはますます重要になってきます。医者や看護師の数も激減していきますので、なるべく健康で、医師にかからず生きる努力も必要です。同じように野菜を自分で育て、釣りができて、自給自足に近いことができるスキルが重宝される世の中になるのではないか。資本主義の変化に近い位置の人ほど、スタグフレーションの影響をもろに受けますので、そこから程よく距離をとれるといいのでは、と考えています。

どんな経済になろうと自給自足ができるなら、絶対死なない。ねぎの根っこをまた埋めて育てて収穫するような「再生コジ活」です。想像するだけで脳汁が出ますね。

デフレの生き方、スタグフレーションの生き方

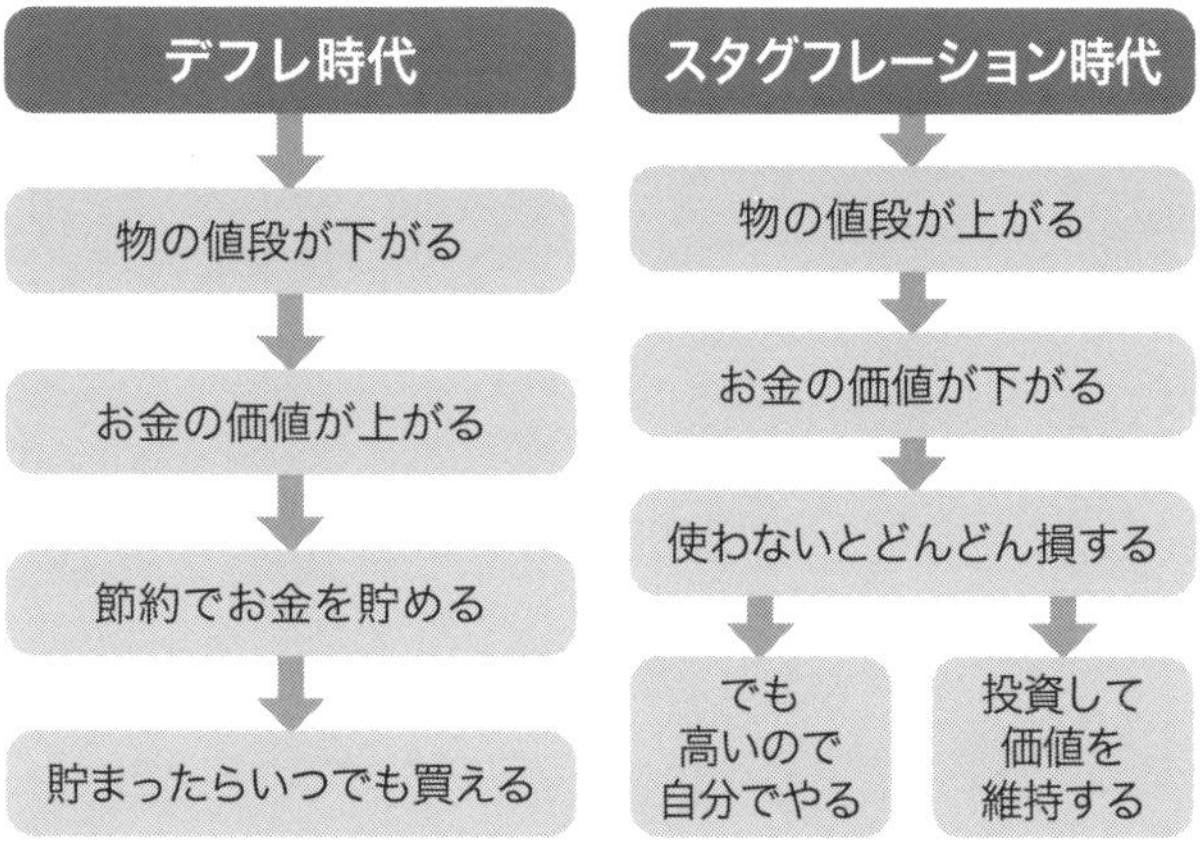

健康への投資の価値は上がっている

健康診断で「肝臓に脂肪が溜まっている」と言われたこともあり、私は近年、サウナ活動（サ活）に取り組んでいたり、血糖値が急激に上がらない食事を心がけたりしています。空腹時のジュースの一気飲みや、白米のドカ食いは絶対ＮＧ。糖質は、必ず食物繊維やたんぱく質と一緒に摂取。野菜は高いので、コジ活的には炭水化物が一番安くてお得なのですが、それだけだと健康を害します。※毎日パスタみたいな食生活は、もう最悪です。20代という若さゆえの暴挙だったな、と今なら思います。

コロナの時は、暇だったので筋トレにも

※ YouTube チャンネル「マッスルグリル」内のエピソード「【究極の減量食】マッスルグリル第一章完結！【沼】」がおすすめ。

取り組んでいました。筋肉は裏切りません。ただ、最近はちょっとサボり気味なのですが……。身体を鍛えることは絶対やったほうがいいです。ジムはお金がかかるので、なるべく階段を使うとか、ジムに行かずにできるトレーニングを積極的にやりたいものです。「帰宅時は、ひと駅前で降りて歩くといい」みたいに言いますが、いっそのこと最寄り駅から家を遠くするのも選択肢としてありです。

我が家は最寄り駅まで徒歩20分です。20分ジムでトレーニングする代わりに毎日の通勤で20分の道のりを往復2回、歩けば安上がりです。家を借りるにしても、駅から遠いほうが家賃も安くて済むのでお得です。なお、台風の日は大変な目に遭います。

1人で旅行に行くときは、やっぱり1駅だけ電車に乗るのは抵抗ありますね。先日も「1駅分なら歩こう」を繰り返した結果、1日で20キロを歩いていました。でも散歩は嫌いじゃないし、街の雰囲気を楽しめて、いい時間でした。

投資信託も悪くないけれど……

私の根本にある精神は「怠け」です。できるだけラクをして、メリットを最大化したい。

そのために熱い情熱をもって頭と身体を使っているわけです。株式投資も、需給バランスを見ながら、「ここを押さえておけば、あとは待っているだけで儲かる」というポジション確保が理想。余計なことをせずにオイシイ思いができる場所にいたいと常に考えています。例えば、インフレなら「マンションを買う」「現金を株に換える」のように、「持っているだけで儲かる」場所に資金を動かし、なるべく努力せず利を得る。それがモットーです。

そういう意味では、投資信託を積み立てるという選択肢もあってよいと思います。買ってしまえば何も考える必要はないですし、自分よりも優秀な人が一生懸命運用してくれて、その成果を頂くという構造なのでタイパはいいように思います。ただ、優待がもらえないことと手数料を取られるところは、デメリットといえます。

手数料という視点では、投資信託の代わりとして個別株で光通信（９４３５）を買うという選択肢も十分にあり得ます。携帯電話の販売代理店からスタートし、今では電力・ガス、通信回線、宅配水など継続利用品によって毎月収入のあるストックビジネスが特徴の会社です。一方でこの会社、安定したキャッシュフローを投資に回すことで長期的な利益を確保しているのです。特に割安な成長企業に投資し、高配当株や優良銘柄を保有することで、実質的に「光通信ファンド」として機能しているともいえます。

お金持ちの方程式を光通信に当てはめると……

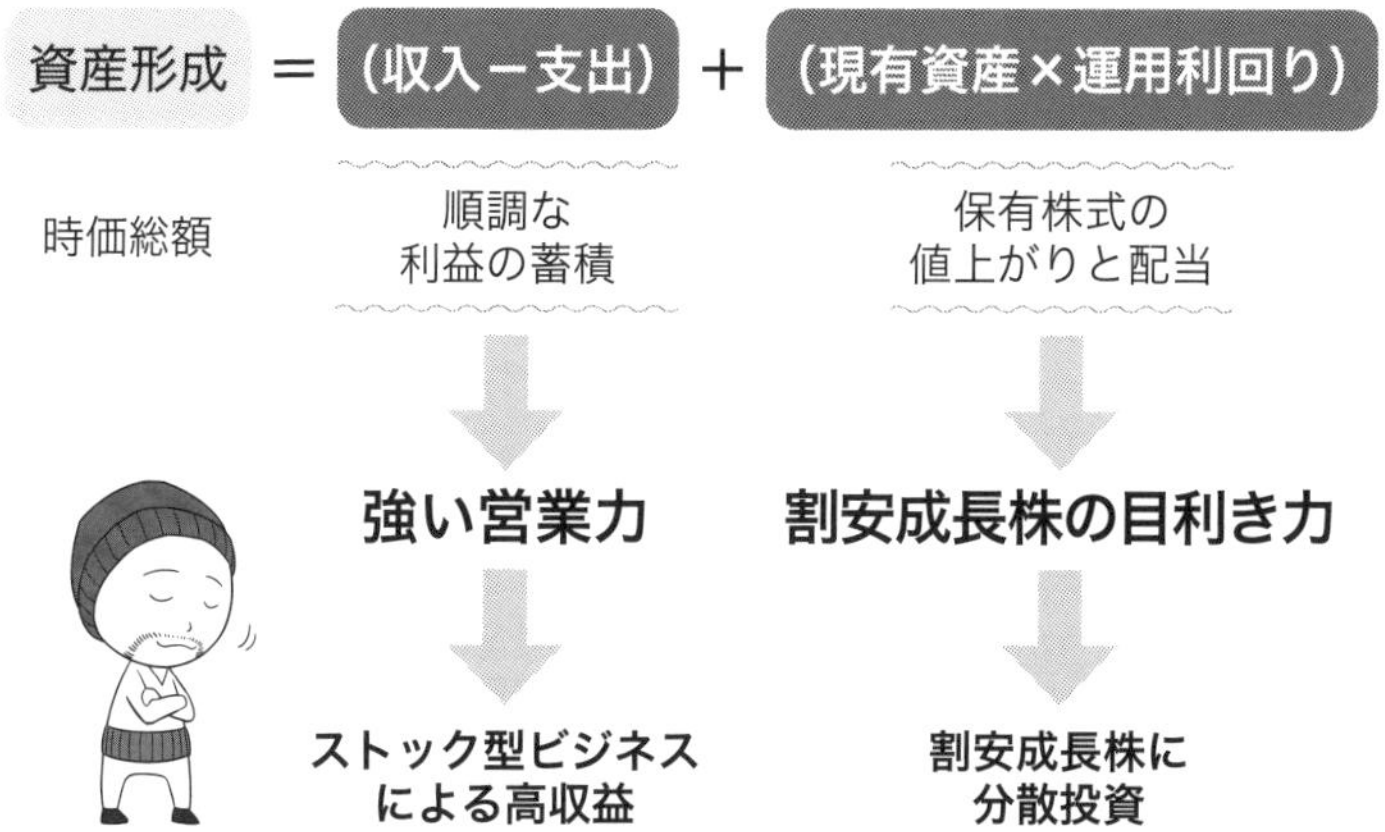

一般的な投資信託では信託報酬などのコストが発生しますが、光通信の株を保有すれば、配当や株価の成長をダイレクトに享受できます。さらに、光通信自身の業績も安定して成長しており、企業の資本効率や投資先の成長によるリターンも期待できます。お金持ちの方程式に当てはめてみると、光通信の時価総額が資産形成部分、（収入−支出）に当たるのが本業の事業収益、（現有資産×運用利回り）部分がファンド部分と読み取ることもできます。このように、光通信の株は「プロの目利きを活用しながら、低コストで運用する投資信託のような存在」として魅力的にも思えます。配当も四半期配当なところが、投資信託っぽいで

すね。また、第4章で「コバンザメ投資法」を紹介しましたが、光通信が大株主になっている割安成長株を追いかけるのもありだと思います。

サラリーマンは上場企業よりも稼いでいる!?

最後に、もう1つだけ計算式を紹介させてください。投資にも使える重要指標ですが、そのような文脈ではないので、ご容赦いただければ。それは、ROA（Return On Assets）を説明する以下の計算式です。

ROA（総資産利益率）＝純利益÷総資産×100（%）

ROAは資産に対してどのくらいの利益を稼いだかの比率になります。例えば、総資産1000億円の企業が年間100億円稼いだなら、その企業のROAは、100億円÷1000億円＝0・1で、10%となります。ちなみに少し古いデータですが、経済産業省の資料によれば、2018年の日本の上場企業のROAは平均3・9%です。

さて、このROAを個人で考えてみます。例えば資産1000万円、年収600万円（手取り）なら、その人のROAは60%となります。そんなに高いROAの上場企業は、ほぼありません。仮に資産が6000万円あってもROAは10％で、これでもほとんどの上場企業よりも高くなります。つまり、自分の資産が少ないうちは、自分自身が働くことがもっとも効率のいい稼ぎ方だということです。もし投資のスキルを磨き、年に30％ほどの利益がコンスタントに稼げるようになれば、ROAは30％以上にアップするかもしれません。それでも資産2000万円までは絶対に働いていたほうがいいですし、仮に2000万円を超えたとしても、常にその額の3割の利益を出す成績で運用できるとは限りません。仕事を辞めず投資と並行して稼ぐほうが、絶対に賢明です。そう考えると、仕事は簡単には辞められません。

もし仮に私が1000万円スタートで追加入金をしていなかったとしたら、22年の運用で3400万円にしかなっていません。特段の投資の才能がない限りは、資産運用による複利効果と入金はセットで考えるべきです。投資を始めたばかりの頃は、エクセルで複利計算と入金額を入力してお金持ちになるシミュレーションを毎日ずっとやっていました。今振り返ると山あり谷ありで、計算通りの単純な道のりではありませんでしたが、諦めずに続けたことでここまで到達することができたと考えています。

資産が8億円を超えた今、仮に私の年収が600万円なら、ROAは0・75％。もはやサラリーマンを続けるのは効率がいいとはまったくいえない状況ですね……。ただ、ま

ROAとは？

ROA※（総資産利益率）＝ 純利益 ÷ 総資産

＝ 年収（手取り）÷ 総資産　　ROAを企業でなく個人で考えたとき

※ROA…Return On Assets

つまり…

1. 企業のROAは平均3.9%（2018年）
2. 資産1000万円で年収600万円（手取り）ならROAは60%！

⇒働いたほうが効率がいい。億り人になっても、しばらくは働いていたほうが、どんな企業の事業よりも効率がいい

んがにもあるように、会社には所属しているだけでタダ・格安で利用できるものがたくさんあります。その権利を手放してまで、FIREするかと言われれば、そこは躊《ちゅう》躇《ちょ》せざるを得ません。

株式投資における現金の価値とは？

私が実践する損しにくい投資は、働いて貯めたお金を定期的に証券口座に入金していく入金投資法と、とても相性がいいです。現金は、より価値の高いものと交換し続けるのがお金持ちになる基本原則です。なので上昇相場では、「現金のままではもったいない」と欲が出て、すべての資金を投資に向かわせがちです。一方で、下落相場になると損失が出て「株なんて買わなければよかった」と言い始める。これが人間の心理です。

ここで現金の価値について考えてみます。常に証券口座に一定額の現金を置いておくと、それは万が一、暴落が来た際、底値圏で買うための軍資金になります。仮に、年に一度の暴落時に買い、値が戻ってきたら利確するトレードのリターンを10％と想定しましょう。

そこから現金の期待収益率を、配当利回りと無リスク資産の利回りを加味して考えてみます。トレードリターン10％から、現金でなく投資していれば得られたはずの配当利回り平均約2・5％を引き、それに10年国債利回り約1・5％を足した値、つまり9％が現金の期待収益率となります。PERで換算すると無成長株のPER11倍と同程度の価値となります。これで投資において使う基準に統一され、自分が何に投資するべきかわかりやすくなったかと思います。何が言いたいかというと、投資における現金(キャッシュポジション)は、ただの現金とは違うということです。現金という選択肢も含めて考えていくことで、私のやっている負けにくい投資をあなたも実践していくことができると思います。

特に下落相場の時は、割高なグロース株ではなく、高配当＋資産バリューで値動きの穏やかな株にするのが対症療法になります。とにかく注目されていない人気のない銘柄が比較的安全になります。もちろんバイ・アンド・ホールド（長期保有）では市場の影響は必ず受けるため、激しい下落トレンドには、バリュー投資であろうと逆らうことはできません。そんな時こそ、口座に現金を持っていることの優位性が発揮されると思っています。こんな風に市場の動向を大局的に考えながら、収益（ＰＥＲ）、資産（ＰＢＲ）、配当利回り（優待含む）のうち、その相場にあった割安のものを、ときには現金という選択肢も含めて考え、選択しています。

私生活で今、私がやっているのは、ベッドの中で歳をとった自分を想像することです。人生の最後、病院のベッドで人生を終える瞬間を想像し、「あれやっとけばよかったな」っていうのが思い浮かんだら、それを今やることにしています。先日も、２時間半で５４００円もするサウナに行きました。富士山にも登っておきたいですね。

でも、ここで「もっと仕事をしていればよかった」とは、絶対に思わない。だから仕事はそこそこで、やり残したことをできることからやっていきたいと思っています。

とはいえ、今思い浮かぶことは、このままでもできることばかりなので、しばらくは仕事を辞めないでもいられそうです。会社員はいろいろお得なので、つい辞めるタイミングを見失ってますね。やっぱりコジ活は、一生やめられそうにありません。

解説

ｗｗｗ９９４５（個人投資家）

「お金を使うのが辛いんですよ。ｗｗｗ９９４５さん、どうやったら使えるようになりますか？」株式投資をしている人たちのオフ会で何度も聞いたフレーズだ。

　それに対してこう答える。

「いやいや、家賃払ってご飯食べて光熱費や携帯代払えば軽く月13万円は吹き飛びますよ。給料の３分の１、月７万円株式投資に入金しているのがぎりぎりです。簡単に使えますよ」

御発注氏は違った。何と80％を株式投資に入金。累計金額３４７８万円！

株式投資で増やしてやろうという野望を持った人は数百万円くらいから始めることが多い。私も１００万円からだった。やるからには損は許されない。食費を浮かすために始めた優待株投資に目覚め、減らさずに株と上手に付き合っていく。戦略的な怠惰がそこにある。

彼のコジ活のエピソードには事欠かない。最初の出会いは十数年前。衝撃だった。

毎月１回、静岡県沼津市で投資勉強会の「サロンＦＵＪＩＹＡＭＡ」というセミナーを開催しているのだが、当時、既に極端な節約ブログで評判の高かった彼に初めて会った。

——何か薄汚れていた。

ニット帽は被っていなかったのだが、白マスクはよくよく見ると表面に毛玉ができていた。特に気になったのは灰色のスニーカーである。それは多分買った時は白かったと思われた。

この格好で会場に入ろうとしていた。主催者の1人が「いくら何でもみっともない」と怒りだし、靴屋まで行ってポケットマネーで新品を買ってくれた。

「いっつも、すいやせん」と、彼はたいそう喜んでいた。

しかし彼は後日、「常連のバリュー投資家も私と同じくらい節約をして全力で投資していると お誘いを受けたのに、身なりは全然普通の人たちばかりじゃないですか！　騙された……」と、嘆いていたという。

まだある。JR東京駅直結の東京ステーションホテルの高級レストランで投資家の食事会があった。最初のドリンクメニューを開くとビールは1000円くらい、ワインは2000円からであった。彼の両腕はガタガタと震えだし、「www9945さん、高すぎて頼むの無理です。無料の水でいいです」。可笑しくて仕方がなかった。億を持っているのに本当に基準は100円なんだなと、逆に軸のブレなさに感動を覚えた。

投資家さんの結婚式では、ホテルのラウンジで遭遇した。

無料で飲める5種類のアルコールドリンクサーバーが置いてあり、私はソファと行ったり来たりしていた。彼はサーバーの横に立って離れない。

「何でそんなところに立っているのですか？　座ればいいのに？」と尋ねたら、「無料で素早く飲める位置取りはここだけなんです。5種類を最低1杯ずつ飲むのがノルマです」と、にやりと笑いながら答えた。

「なるほど！」と、2人で10杯飲んで式前から出来上がった。

東京で投資オフ会が開かれた。関東近郊在住の彼はどうしても往復の交通費がもったいなくて仕方がない。中古の携帯電話を都内で換金し、それを交通費に充てたという。転んでもただでは起きないコジ活精神といえよう。

本書にも登場するワタミ以外に、吉野家の来店スタンプを10個集めると1杯無料キャンペーンのルールを変更させた過去もあるのだが、ルールすれすれなのでここでは言えない。

＊

誤発注事件はブログに赤裸々に記述していた。ブログ内のやり取りで慰めた思い出がある。特筆すべきことは以下の3点だ。

①すぐに間違ったポジションを切った(売却した)。多くの人はこの場合、ショックで立ちすくみ、態度を保留してしまうので損失を拡大してしまう。
②たった200万円の損失で抑えた。想定の100倍の株数で成行買いの結果としては上等である。
③身の丈以上のポジションを翌日に持ち越さなかった。当初予定していた5株すら切っている。精神的に引きずっていない。ブログ名とハンドルネームも御発注に変え、反省している。

リスク管理の徹底と前向きなストイックさが特徴である。バリュー株投資家といっているが、相場の歪みを利用した投機家ともいえる。

彼の投資手法は25日移動平均線マイナス25％乖離銘柄が200以上なら株を買い、信用評価損益率マイナス15％以下で買い準備をするなど定量化もしている。株を買う「エントリータイミング」を重視し、マクロや時流をも加味して、いわゆるバリュー投資をしている。勝つべくして勝っているわけだ。

私は池袋で街角をウォッチして売買する「ゆるふわモメンタム投資家」になったので、銘柄は被らないが話すと気づきが多い。

この原稿の執筆時点で、唯一被っているのはゲオホールディングス（2681）だ。セカンドストリートで低所得者層が中古スマホやユニクロの古着を買うことが増える。低PER、低PBRで指標面でも割安で意見が合致した。しかし、社長の資産管理会社が安く買い、高く売ることを繰り返しているので、大量保有報告書を見て尻馬に乗ればいいのではないか？　という結論に落ち着いた。

お金、健康、時間のバランスを最適化し、今しかできない経験に投資して身体が動かなくなった時、その記憶の配当で老後を楽しむ著作『DIE WITH ZERO（ゼロで死ね。）人生が豊かになりすぎる究極のルール』（ビル・パーキンス著／ダイヤモンド社）を紹介してくれたのも彼だった。足腰がしっかりしているうちに離島に旅行しようと背中を押してくれた。

自由時間が多い専業投資家を勧めたこともあるが、「仕事で比較的楽なポジションについている。居心地が良くて長く会社に居すぎてしまい辞めるきっかけを失っている」という。給料の保険をかけた兼業投資家で、いつでも辞められるからこのままでいいという気持ちらしい。

＊

最小の労力で戦略を立て効率が良いものを習慣化し、複利で回せばより良い人生が送れる。この本の趣旨は、ここだと思う。

人間は怠惰だ。だから健康、お金、知識や経験、人間関係などで良い習慣化を図ることを意識づける。そうするとお互いがシナジー効果を生み、大きくなって戻ってくる。

御発注氏は「あらかじめ決めていることを楽しみながら淡々とこなすだけ」と言うが、ジム通いの筋トレ1つとってても嫌になって普通の人はやめてしまう。また、節約の穴を見つけることや良い習慣化の継続は傍目からは辛そうに見える。

そもそもバリュー投資は待っているだけで配当や優待が入ってくる。彼の場合はそれに加えて急落時にシステム化された買いを入れるだけなので、やり方としてはイージーなものだろう。しかも、売り時は数倍になれば一部を利益確定して元本を回収し、残りをコストゼロにする「恩株」として保有していることが多い。

私自身は、普段、街を歩いていて「嘆くのではなく、それを利用する」という意識で、「嘆き」をいつも株の銘柄選択に結びつけてきた。例えば、お店の行列を混んでいると嘆くのではなく、なぜ混んでいるのだろう？　この現象の原因は何だろう？　と。

決算説明書を読んでみようというプロセスで発見した会社は、フリュー（6238）、神戸物産（3038）、ハピネット（7552）、IP（知的財産）関連など多くある。

彼の根本には「考えるのは無料」「情報収集も無料」「なぜ戦略を継続しないのか？」があると思う。いつもあらかじめ考えている。地頭の良さからくる発想力の豊富さがそこにある。良質な知識はYouTubeや書籍に転がっているからそこで情報収集する。そして「もったいない」の思想で「継続は力なり」で、複利効果で着実に果実（資産）を築いていくのである。

私も他人から、「アクセスのよいところに引っ越しして旅行が多くなっただけで、使い方は変わらない」と言われているが、信用取引を駆使している投資なので、暴落時には、「追証からの破産」という確率は何％かはある。しかし彼は「コジ活」をついついやってしまう癖があるし、基本、信用取引もせず、現物のみのバリュー株投資なのでより安全である。

年間支出額は３６０万円の兼業投資家と聞いている。資産８億円は使いきれない。本来、コジる必要がない。しかし、世の中に儲けるタネ（隙）を見出すとついコジってしまい、見逃すことが気持ち悪いのだと思う。

お金を使うことは辛いけれど、最初の一歩はトランプができるくらいの厚さになった株主優待のＱＵＯカードを換金して、家族旅行でお金を崩すことから始めましょうか。

Profile

www9945

個人投資家。東京都在住。チャートや企業分析など、あらゆる角度から銘柄を選定し、信用取引を駆使して投資を行う。1996年より本格的に投資を始め、2004年4月から楽天ブログにて「www9945の公開プロフィール」（https://plaza.rakuten.co.jp/www9945/）を開始。ハンドルネームの9945は、お弁当のほっともっとを展開するプレナスが上場していた際の株式コードに由来する。著書に『年収300万円、掃除夫だった僕が７億円貯めた方法』（宝島社）などがある。現在の総資産高は約８億円以上。保有銘柄数は100を超える（2025年1月現在）。彼女募集中。

イラスト：nev

死ぬまでに
やり残したことは
何だろう…
行きたかったところ…
見たかったこと…
仕事でないことは
確かだナァ
「辞められない」とは
言ったけど…
行くか！
京都
ガバッ
——40歳を過ぎて初めて
自腹で新幹線に乗った
御発注であった
いや〜
最高
…え？ え？
御発注さん？
節約レジェンドが
贅沢してる！
…信じられん
うん、最近
日本酒に
ハマってて
は〜
こうやって人生を
楽しむもの
悪くないナァ
もう…俺には必要ない
かもしれないナァ

ありがとう神様…
す〜…
近いうちに富士山にも登っておきたいナァ コジ美に相談しよ
喉が渇いたナァ
うっ！…イカンイカン水を買うなんてとんでもないヨォ！
おお！うまそうな寿司屋っ
最高級の寿司も死ぬまでに一度食べたかったんだナァ今日がその日か！
いや…できない！
寿司
ぱ
…ふぅ
ふ
よくぞ戻った！
やっぱりこのほうが安心だナァ
さてさて2駅ほど歩くか
コジ活魂よ、永遠に…

あとがき

もしインターネットがなかったら、株式投資に出会っていなかったら、自分の人生はどうなっていたか考えたことがあります。

結果はどうシミュレーションしても、結婚もしていなければ子供もおらず、今も10円を節約しながら通帳の残高を見てニヤニヤしているような、限界中年窓際男性だったことは想像に難しくありません。

我々氷河期世代が自己責任論の名の下に努力を強要され、頑張って作り出したものは経済にフォーカスすれば主にデフレーションでした。

そのシュリンクしていく経済観でお金の価値が上がり続ける中、よりよく生きるためにどうすべきか、私なりに考えて取り組んだ結果が本書に記載の通りのものです。

私は、これからの世の中は過去の金融緩和の影響や労働力供給不足によってインフレーションになり、お金の価値が下がるトレンドになると予想しています。時代が進んだ先に本書を見返すごとに、あり得ない内容に感じてくると想像していますが、そのような拝金主義にならざるを得なかった時代背景も鑑みていただけると、より理解を深めていただけるかと思います。

ただ、どのような時代背景であったとしても、本質的な部分は変わらないと思っています。

例えば紀元前にローマの哲学者セネカは人生の短さについて時間の重要性を説いていますが、昔から人類の悩みや考えていることはそれほど変わりないということがわかります。

よりよく幸せに生きるためにはどうするべきかは、誰もが一度は考えたことがあろうテーマですが、私の結論は自分自身をよく観察して、それぞれ自分自身に合うやり方は何か、自分の強みや好きなこと、苦手なことは何かを知ることから始めるべきだ、です。

自分自身が継続できるポジティブな習慣は何なのか、それを考えて試して、増やし組み合わせていくことが、きっと皆さんの幸せにもつながっていくと信じています。

本書を通じて、いつでも誰でも共通して繰り返しコジれるような、価値のあるシンプルな原則を皆さんにお伝えできていましたら幸いです。

謝辞（いつもすいやせん）

編集の宮下さん、神崎さん、ライターのとりでさん、漫画家の三ツ藤さん、すずき銀座さん、投資家仲間のwww9945さんに感謝を捧げます。皆さんのお力添えなしには本書が世に出ることはありませんでした。スケジュールが厳しい中で、私が自分のやりたい本の構成で、思ったままに修正させていただき、満足のいく仕上がりにさせていただいたことには、驚嘆する思いです。

また、自らも投資家として深い見識を持っているとりでさんのおかげで、読者の皆さんに私の投資や人生観についてもわかりやすくお伝えすることができました。

www9945さんには巻末の解説を書いていただきましたが、私の尊敬する投資家の一人です。インターネットのない時代から、手探りで自らの投資スタイルを作り上げるのは、株に対する愛が相当になければできないことです。

インターネット黎明期に投資に出会わせてくれた多くの先輩投資家の皆さんにも、深く感謝を捧げます。自分一人の力では、ここまで来ることは絶対にできませんでした。

株で儲けられるということが現実のものに思えたのも、私にとっては本当に大きかったです。オフ会で実際に会って話すことで確信を深めることができました。「踏み出せばその一足が道となり、その一足が道となる」というアントニオ猪木の「道」の通りだと思います。

株式会社リンガーハット様にも賛辞を捧げます。株主優待のポスターのおかげで行き詰まるはずの人生を変えることができました。

そして、私の人生に最高の彩りと深い幸福を与えてくれる2人の子供と、最後に、私のコジ活を受け入れて共に歩むことを選んでくれた、最愛の妻に、最大の感謝を。

いつも支えてくれてありがとう。

2025年4月　御発注

Profile

〔著者〕

御発注（ごはっちゅう）

サラリーマン投資家。社会人1年目から株式投資を開始し、給料の8割を株投資の原資に注ぎ込む徹底した節約暮らし「コジ活」を実践することで、11年で“億り人”に。さらに10年近くを経て、現在は資産８.５億円、年間配当収入2000万円にまでなる。PERに注目したバリュー投資を軸にして２倍株、３倍株を狙う傍ら、株主優待や高配当銘柄を押さえ、その恩恵で生活を賄うライフスタイル。
X:@erroneousOrder

〔まんが〕

三ツ藤（みつふじ）

まんが家、イラストレーター。美容・健康、人事・採用、パーソナルブランディングなどのPR広報まんがなどを描いている。クリエイティブコミュニティ「えんつなぎ工房」で活動中。書籍『マンガ 頭がいいとは「疑う」ことである』（宝島社）でもまんがを担当している。
X:@32Fuji_

年間配当2000万円!
超節約と優待株で8億円を貯めた御発注の「コジ活」投資法

2025年４月28日　第１刷発行

著者　御発注
まんが　三ツ藤
発行人　関川 誠
発行所　株式会社 宝島社

〒102-8388　東京都千代田区一番町25番地
電話：営業　03-3234-4621／編集　03-3239-0646
https://tkj.jp

印刷・製本　中央精版印刷株式会社

ISBN978-4-299-06677-0